浙学传统与浙商精神

陈寿灿　等 著

浙江工商大学出版社
ZHEJIANG GONGSHANG UNIVERSITY PRESS
·杭州·

图书在版编目（CIP）数据

浙学传统与浙商精神 / 陈寿灿等著. -- 杭州 ：浙江工商大学出版社，2025. 7. -- ISBN 978-7-5178-6325-0

Ⅰ. B2-53

中国国家版本馆 CIP 数据核字第 2025AY8418 号

浙学传统与浙商精神

ZHEXUE CHUANTONG YU ZHESHANG JINGSHEN

陈寿灿　等 著

策划编辑　谭娟娟
责任编辑　高章连
责任校对　李远东
封面设计　胡　晨
责任印制　屈　皓
出版发行　浙江工商大学出版社
（杭州市教工路 198 号　邮政编码 310012）
（E-mail:zjgsupress@163. com）
（网址:http://www. zjgsupress. com）
电话:0571-88904980,88831806(传真)
排　　版　杭州朝曦图文设计有限公司
印　　刷　杭州宏雅印刷有限公司
开　　本　710mm×1000mm　1/16
印　　张　12. 25
字　　数　158 千
版 印 次　2025 年 7 月第 1 版　2025 年 7 月第 1 次印刷
书　　号　ISBN 978-7-5178-6325-0
定　　价　58. 00 元

本著作为以下项目资助成果：

◎浙江省习近平新时代中国特色社会主义思想研究中心2023年度委托课题“浙江民营经济的文化基因研究”(编号:23BWT16)

◎浙江省统一战线智库、非公经济“两个健康”发展研究中心2024年度专项委托课题“浙商精神的文化探源研究”(编号:ZKLGJK2024001)

序

当代浙江在各个领域取得的成就举世瞩目，毋庸置疑，这种成就既根植于中华优秀的伦理型文化，也得益于之江山水所孕育的独特的浙学传统。浙学不仅是涵养浙江精神的源头活水，也是推动浙江经济社会发展的文化动力。我们需要关注浙学与中国传统文化的独特关系。

南宋中后期的浙学与朱学、陆学鼎足而立，构成南宋中后期三大主要学派，这是周程理学文脉在中国南方的延续与发展。随后，明代阳明心学与清代浙东学派更是成为中国传统文化中原创性思想的高峰，以及近代启蒙思想的先声。无论从哪个角度看，我们都无法否认浙学在中国传统文化特定时期所书写的浓墨重彩的华章。正是在这个意义上，我们认同有些学者所提出的观点，即中国传统文化在某一时期确实存在浙学转向。这种转向在《宋元学案》与《明儒学案》中有着极为清晰的脉络：当我们读《宋元学案》时，我们会发现，中国传统文化发展过程中浙学话语具有显著影响力；当我们再读到《明儒学案》时，我们会发现，在当时的中国思想界，以浙江为中心，浙学话语的特色已经成为中国传统文化的近代特点。浙学的发展历程，同时也是创新进取、兼容并包的浙江精神文化基因不断孕育的过程。以宋代浙学为例，其发展与浙江精神文化基因的孕育紧密相连。

北宋初期，两浙路虽尚未出现在思想史上具有重大影响的大儒，但当时的两浙路学者对浙学兴起的奠基作用不容忽视。其中，胡瑗的门人及受“苏湖教法”影响的人，是浙学兴起的重要力量。胡瑗先后在苏州、湖州两地讲学，其所开创的“苏湖教法”激发了地方政府的办学热情，促进了两浙各地学校的兴办，培养了一批有志于儒学的学者，如滕元发、顾临、徐中行等。浙学贤达中受其影响的还包括永嘉的王开祖、丁昌期，杭州的吴师仁，明州的“庆历五先生”——杨适、杜醇、王致、楼郁、王说。他们学问深醇、志行高洁而不求闻达，大多隐居乡野，讲学授徒，培养了众多浙学后学，成为浙学最早的奠基人。

此外，“北宋五子”的门人也在浙学渊源处发挥了重要作用。这些人大多传道于乡野，虽在思想史上影响有限，却为浙学的兴起奠定了坚实的基础。北宋末期，“元丰太学九先生”在承继关学、洛学的同时，开创了浙学的事功学术传统，这一学术创新与张九成的儒道融合，加之后来婺学向历史哲学的转向，都充分体现了浙学的创新进取精神。

朱学与象山心学后期主要是由两浙学者承继并加以弘扬的。朱学在朱熹的主导下鼎盛一时，但朱子之后的朱学发展主线却在两浙路而非福建路。朱门弟子中，出身两浙路者甚众，影响较大者甚众。朱熹之后，承朱学衣钵者是黄榦；黄榦之后，福建路基本没再出朱学大儒，而两浙路则成为朱学发展的最主要区域。南宋朱学在两浙路的发展分为两支：一支是被称为嫡传正宗的“金华学派”，其代表人物是黄榦的弟子与再传弟子中人称“北山四先生”的何基、王柏、金履祥、许谦，他们创立的“金华学派”被称为“金朱学”；另一支是“四明朱学”，代表人物有王应麟、黄震、史蒙卿等。

象山心学的传承与发展在两浙路的成就也远甚于江南西路。陆九渊原本是江南西路出身，其门人中也以江南西路者较众。而两浙路出身的象山门人亦众，其中学术功绩与地位最卓者乃浙东出身的“甬上四先生”，即杨简、袁燮、舒璘与沈焕。陆学本籍的江西门人的影响力远不及“甬上四先生”。《宋元学案》记载，“甬上四先生”成为陆学传承的最主要力量。明代阳明心学的学术渊源便是这一心学学派。王阳明本余姚人氏，他的学术思想自然深受这一学派的影响。

从朱学及象山心学在两浙路的传承与发展来看，南宋两派影响最著者均依托浙东学术力量才得以发扬光大。两浙路的学者们，在继承与弘扬朱学与象山心学的同时，也开创了独具特色的浙学传统。这不仅体现了创新进取的精神，更展现了兼容并蓄的学术胸怀。浙学的发展深刻揭示了这样一个重要的社会文化命题：自宋代以来，浙学的兴盛与宋室南迁有着密切的关系，宋室南迁奠定了包括浙江在内的江南地区作为经济与政治中心的地位；而这一经济与政治中心地位的确立，又进一步促进了该地区独特文化的形成。换言之，当一个地区的经济、社会发展领先时，其文化力量也将崛起，成为引领时代潮流的重要力量。以这一视角审视当代浙江的经济与社会发展，我们不难发现，随着经济的持续繁荣与社会的不断进步，浙江的文化也在蓬勃发展，展现出前所未有的活力与魅力。改革开放以来，浙江一直处于当代中国发展的潮头阵地，“温州模式”“义乌模式”等都彰显了浙江在经济、社会发展上的巨大成就。

20 世纪 90 年代以来，浙商更是创造了浙江发展的新景观。作为浙江省省会的杭州，已经发展成为世界电子商务之都、全球移动支付大本营等。

然而，在肯定当代浙江发展的同时，我们也应深入思考其与传统浙学之间的内在联系：当代浙江发展所蕴含的文化及其内在精神是什么？这种文化是如何从传统中汲取养分并创新发展的？它又将如何在新时代背景下继续发扬光大？……

谈及文化力命题，马克斯·韦伯在《新教伦理与资本主义精神》一书中提出了一个关于经济、社会发展与文化力关系的重要论断：任何形态的经济与社会发展都必然蕴含着某种文化力的支撑，若缺乏这种文化力的支撑，任何形态的经济与社会发展都既无法解释，也不可能。在这个意义上，当我们回过头来审视当代浙江的经济与社会发展时，就不得不面对这样一个问题：支撑当代浙江经济社会发展取得重大成就的文化力因素究竟是什么？

在我看来，这种成就离不开“理性—事功”的浙学传统，体现为既重事功之实又具理性之美的文化形态，彰显出浙江人民务实、内敛果敢，尚诚、以利和义，包容、创新融汇的人文气质。对于新时代浙商，更应当将弘扬浙学传统与传承浙商精神作为一种理性自觉，并将之应用于以“四千”精神为代表的浙商文化的赓续中，以此引领浙商的未来。

目录 CONTENTS

第四章　宋以降浙学传统的成型

第五章　浙商的兴起与发展

第六章　浙商精神的内涵与演进

第一章 文化与经济

文化是人类的精神创造活动及其结果。《周易·贲卦·彖传》有言："观乎人文，以化成天下。"人类文化在群体性的生产、信仰、风俗、价值、符号等形式影响下不断丰富，并呈现出物质文化、制度文化、精神文化等多维度特征。其中，物质文化包含了人类征服自然、改造自然的社会生产活动及生产创新的具体成果，是人与自然的直接体现；制度文化则在物质文化生产的基础上衍生出形式各异的生产关系，而由生产关系演化的社会制度和组织形式则是制度文化的综合反映；精神文化包含对物质文化和制度文化的整体性把握，体现为社会生产背景下的生活方式、价值观念、思维逻辑、审美旨趣等。因此，人类文化不断上升与迭代的过程，真实反映了文化与经济愈加紧密、彼此渗透、相互交融的纠缠状态。而在此基础上，关于文化与经济相关程度、互涉因素、作用机制的研究，总体上构成了现代经济学、社会学、政治学、伦理学研究的重点内容，并推动了文化经济学、经济文化研究等一系列新兴学科的发展。文化与经济的关系问题，不仅是探究人类社会生存与发展规律的重要课题，更是探索构建人类命运共同体、推动创造人类文明新形态、塑造世界文明新格局的关键议题。因此，深入挖掘文化与经济背后所蕴含的丰富理论与实践价值，并对文化与经济的一般关系、交互逻辑和时代范型进行详尽梳理，将为透彻理解浙学传统与浙商精神的历史演进、内在逻辑和时代特质提供坚实的思想基础与实践指导。

第一节 文化与经济的一般关系

文化(Culture)概念的周延相对宽泛,其含义和表现形式多样,因此不同领域的学者对文化的理解往往存在一定的差异。但从哲学层面对文化概念的准确把握离不开以下四个方面:其一,文化与环境中的人是不可分离的,二者之间存在内在一致性;其二,文化由人创造,是人类物质和精神文明的成果,因而与特定时代和特定区域的人及其物质文明和精神文明状态紧密相关;其三,文化处于动态变化的状态,既吸纳包容新事物而得以丰富发展,又会因无法适应时代而消亡;其四,文化是一个系统,各个地区的不同文化、各种文化的不同部分相互关联、相互联系,构成一个有机整体。因此,社会学、经济学往往将文化具象化,并与经济发展关联起来,提出了诸多极富价值的理论框架。诸如科尔曼将文化视为一种调节经济行动的规则,文化促使人们做出符合或不符合自己利益的行为;威廉姆森强调文化是确保雇员理解并投入企业目标的社会条件,它在成员彼此有关系的团体内比在一般市场和等级制结构中更重要;马林诺夫斯基认为文化是就传统的器物、货品、技术、思想、习惯及价值而言的,这个概念包容并调节着一切社会科学。根据这些文化定义,我们不妨将文化界定为一种共享的价值体系和行为标准体系范畴,进而成为一种规范个体目标及实现目标的方法。

经济发展问题不是一个"纯粹的经济现象"。经济发展的背后有文化因素。随着世界经济一体化的不断推进和知识经济时代的到来,人们惊奇地发现,文化作为一种精神力量,在经济发展中的作用日益凸显,已成为经济社会发展的重要动力，文化与经济的关系比以往任何时候都更加密切。

当前，关于文化与经济、文化力与经济发展的关系已成为学术界探讨的热门话题。国内学界一般从文化与市场经济体制、文化产业、企业文化等角度来研究和界定文化与经济的关系。此类研究实质上是建立在新制度经济学基础上，强调文化的内在规定性、文化与市场体制之间的逻辑关系，以及文化对社会价值和社会秩序的规范作用。可见，文化已然成为现代经济的重要组成部分，而任何一种经济形态都无一例外受到文化因素影响，甚至经济现象在本质意义上也可被视为一种文化现象。文化与经济的关系总体上呈现为逐渐紧密、自觉、耦合的双向发展趋势。基于此，有必要对经济与文化的一般关系予以探赜，阐释其内在的运行规律。

一、经济是文化发展的基础

“文化”从来不是纯粹思辨的产物，而是历史的结晶。事实上，对文化基本问题的研究始终统摄着文明与文化、物质与劳动的内在联系。文化与经济在不同社会形态的发展中展现出不同的具体关联。在自然经济条件下，社会生产的直接目的是满足社会成员的使用需求，即以人本身为生产目的。这一社会阶段的文化与经济发展保持着原始的一致性，例如以国家支配为前提的小农经济构成了封建社会经济结构的根本特征，也是全部封建政治、文化等上层建筑赖以建立和长期存在的物质根基。而在商品经济支配下的社会中，生产目的较自然经济社会发生了根本性转变——“生产表现为人的目的，而财富则表现为生产的目的”[①]。商品经济的快速发展使得资本主义取得支配地位，唯有以追求交换价值为目的的活动（生产与再生产）才是具有“经济意义”的活动。在此条件下，划分经济活动与非经济活动的标准在于社会活动的目的是否符合资本的增殖需要。在这一阶

① 《马克思恩格斯全集》第46卷（上），人民出版社1979年版，第486页。

段，以商品交换为本质的资本主义生产方式消除了人的依赖关系，实现了人对自身自然局限性的克服，并为人的自由全面发展创造了物质前提。然而，人的社会局限性却始终无法在资本主义社会得到克服。资本的扩张在推动文明进步的同时加剧了人的物化程度，使得抵制、批判和克服资本主义生产方式所造成的全面异化成为文化创造活动的主题。[①] 这一时期，对人的生命意义的文化哲学阐释蓬勃发展，其对自然规律理性、客观的认识与总结，旨在引导人类正视环境挑战，并通过自我提升去适应和改造世界。狄尔泰、斯普朗格、柏格森等人的生命哲学基本属于这一路向。最终，当社会形态步入产品经济阶段，人的自由个性的发展将成为社会生产的直接目的。在这一理想阶段，各尽所能、按需分配的共产主义社会交换方式因其生产力的高度发展而得以实现，资本主义生产方式所造成的全面异化将得到彻底克服，工农、城乡、脑力与体力劳动之间的界限将被消除，人与自然、人与社会、人与人及人的身心将实现高度和谐，并与全社会经济利益保持一致。可以设想，在这一社会条件下，文化与经济的内在矛盾将不复存在，现代意义上对于文化与经济活动的区分也将失去实际意义。

诚然，社会主义市场经济是我国现实的经济基础。经济基础决定上层建筑，关于文化与经济关系的现代思考应立足于社会主义市场经济，并坚持历史唯物主义的基本方法。因此，社会主义市场经济不仅塑造着我国文化发展的独特路径，还引领着我国文化观念、文化政策和文化战略的发展方向。同时，文化的传承、文化生产的繁荣、文化消费的兴盛，都充分表明文化已成为社会主义市场经济不可或缺的重要组成部分。正如马克思主义物质观所强调的，社会分工对文化发展具有深远影响，文明时

---

① 参见陈筠泉、李景源等：《新世纪文化走向——论市场经济与文化、伦理建设》，社会科学文献出版社 1999 年版，第 94 页。

代进一步巩固并强化了社会分工，催生了“不从事生产而只从事商品交换”的商人阶级。

文化与经济相互交融、彼此渗透、互相促进。以经济生活为基础的经济文化不仅在广义上涵盖器物文化、制度文化、观念文化，还内在涵摄技术、法治、伦理、艺术等发展因素。这种内在的超越性使得经济本身具有更多的文化含义，社会生产伴随着思想观念、利益观念、价值观念、道德观念的生产，进而引发理性、民主、自由、平等、和谐等现代意识的产生。因而，那种将文化等同于精神生产而与物质生产相对立，或把文化等同于意识形态而与经济基础相对立的观念，均是对文化与经济关系的片面理解。

二、文化是经济发展的动力

尽管经济对文化的形成和发展具有基础性影响，且经济社会的性质决定了文化的性质和发展方向，但这仅仅揭示了文化与经济关系的一个侧面，或仅是对文化与经济对立、割裂观点的回应与批判。文化是经济、政治在观念形态上的反映，并随着生产力的发展呈现为复杂的精神文化结构，诸如哲学、科学、文学、艺术、道德、宗教等活动及其物化形态，皆是从物质文化上升至精神文化的重要表现。关于文化因素对经济发展作用的理论阐释众多，大致可归结为：一是古典政治经济学派基于重商主义思想，将特定文化观念视为决定经济行为乃至市场扩展的重要因素，例如亚当·斯密在《国富论》中拟制的“经济人”形象便体现了“经济与道德”的统一；二是马克斯·韦伯强调文化（特别是新教教义）是现代经济发展的最重要因素；三是以熊彼特、刘易斯、缪尔达尔为代表的经济发展理论，强调文化对经济发展的“中性”作用，进而具体研究哪些文化因素促进或阻碍经济发展；四是以诺思等为代表的新制度经济学，深化了对文化等“非经济因素”对经济发展的重要作用的认识，例如诺思将文化定义为“资本存货”，并强调其在塑造正式规则和支持非正式约束中发挥的双重作用①。由此可见，文化对经济发展的能动作用这一命题长期受到经济学界的广泛关注。文化作为一种精神力量，在经济发展中的作用日益凸显，已成为经济社会发展的重要动力，文化与经济的关系比以往任何时候都更加密切。

在确证了文化之于经济发展的作用后，如何将文化现象具体纳入经济分析的框架，成为理解和明晰其内在作用机制的重要前提。其中，制度组织和伦理道德等上层建筑对经济的反作用早已显现。而随着文化产品作为精神物化形态的传播或精神服务方式的普及，关于文化生产力之于社会经济形态的影响力的思考亦越发深入，并主要表现为文化经济学、艺术经济学等新兴学科的发展。据此，文化之于经济的发展作用至少可从如下几个方面进行探赜。

一是伦理—经济。伦理—经济或经济伦理是一个“现代性”问题。随着市场经济的兴起，经济伦理问题日益突出，具体表现在关于市场经济本身的道德合理性、经济伦理在社会科学中的知识合法性、经济学与伦理学的现代分野与耦合支撑的知识社会学等理解性问题上。② 时至今日，道德资源已被证实是一种可以转化的特殊社会资本。而对市场经济的道德审查与伦理批判是评价和反思社会经济事实的基本方式。例如，普遍的社会伦理信任能有效降低市场的“交易成本”或“额外交易成本”。党的十八大以来，我国高度重视社会主义市场经济的道德文明建设，并在对西方经济理性祛魅的同时，探索具有本土性、传承性、创新性的商业文明成果。2017年4月，中央全面深化改革领导小组第三十四次会议通过了《关于进一步激发和保护企业家精神的意见》，强调弘扬企业家精神，发挥企业家示范作

① 参见诺思：《制度、制度变迁与经济绩效》，杭行译，致格出版社、上海人民出版社2008年版，第50—75页。

② 参见万俊人：《论市场经济的道德维度》，《中国社会科学》2000年第2期。

用，造就优秀企业家队伍。而以“儒商精神”为代表的中国商业伦理始终要求企业家认同、秉持“仁、义、礼、智、信”等传统伦理道德，以从事经营、管理、生产等商事活动，强调发挥企业家主体作用，将道德文化、人文精神等“非经济因素”计入企业发展的“内生变量”。因此，对于经济之伦理维度的究诘成为规范社会经济行为、保障人类幸福生活的合理追问。

二是制度—经济。毋庸置疑，国家或地区的制度、经济政策与经济绩效之间存在紧密联系。良好的制度能够保障市场竞争的公平性和公共产品的有效供给，促进经济秩序的稳定和谐；而经济绩效的提升又为制度和政策的调整、落实提供了现实依据。因此，制度与经济的良性互动是国民经济健康发展的重要因素，对经济制度的深刻把握是研究我国经济发展内在规律的主线。

三是艺术—经济。艺术—经济或文化经济学主要研究文化、艺术生产和消费活动的规律，以及文化生产力、文化产品、文化产业等文化资源的经济效益和作用。广义的文化资源涵盖了人类所有与文化活动相关的生产和服务内容；而狭义的文化资源则指能够产生经济利益的文化生产资料，如历史人物、文化古迹、工艺、语言文字、戏曲等精神文化内容。作为经济资源的一种，文化资源以其独特的使用价值和交换价值逐步渗透经济社会和大众生活。在数字化、网络化和多媒体化为特征的信息革命背景下，文化或艺术产品的商品化、产业化规模迅速扩大，文化产品在消费过程中展现出持久性、兼容性、外部性和连续性等特点，由此使文化消费超出了单纯的物质消费领域，进而对整个社会产生了广泛而深远的影响。①

① 参见张曾芳、张龙平：《论文化产业及其运作规律》，《中国社会科学》2002 年第 2 期。

第二节 文化与经济的融合发展趋势

无论是经济之于文化的基础性作用，还是文化之于经济的能动作用，文化与经济始终密不可分、相互交融。2006 年 10 月，时任浙江省委书记的习近平同志在《浙江日报》“之江新语”专栏上富有远见地提出：“所谓文化经济是对文化经济化和经济文化化的统称，其实质是文化与经济的交融互动、融合发展。”[①]“化”反映了事物流动与变化的趋势。文化经济化和经济文化化皆是对当前文化与经济融合趋势的集中概括，但二者在内在关系上又表现出互为因果、互相转化的发展趋势。文化经济化和经济文化化是“文化—经济”发展过程的两个方面。文化经济化是以经济拓展文化的广度和深度，经济文化化则是以文化推进经济增长和发展。具体而言，文化经济化意指文化产品、文化服务所具有的经济效益与市场效益，在这一趋势中，文化发展背后的经济成分不断增加，加之市场经济制度改革的不断深化，促使文化生产、文化管理中的经济要素不断渗透；而经济文化化则与文化经济化相对，是以在经济发展过程中文化要素所发挥的经济价值为衡量对象，在土地、资本、技术与管理等传统的生产要素之外，市场经济实践表明，包括价值、心理、偏好等精神观念在内的文化因素对生产力发展和经济效率提高的作用开始凸显，且文化因素在诸如资本、管理和技术等要素领域的增殖功能越发显著。因此，文化经济化与经济文化化代表了“文化—经济”内在关系的不同侧面。文化经济化侧重于强调文化商品属性的

① 习近平：《“文化经济”点亮浙江经济》，《浙江日报》2006 年 10 月 30 日，第 1 版。

释放过程，文化经济化的充分实现将增强文化的造血功能，为文化创造新的发展机制。在这一趋势下，不同区域、民族、国家的文化资源以及文化政策、环境、态度决定了文化经济化的不同发展方向；经济文化化则侧重于强调经济活动的文化属性，其本质是将文化元素融入经济业态的转化。因此，文化产业、文化市场的发达程度成为以上两种趋势的基本衡量标准，而对于二者的分别思考，将为进一步理解文化—经济的一般关系及融合发展提供辩证性的视角。

一、文化经济化

在现代市场经济中，文化与经济共生互动，文化经济化的趋势日趋明显。文化产品基本采取商品形式进入流通领域，并通过文化市场实现文化商品的生产者与消费者之间不同劳动的相互交换。文化产品的生产过程基本涵摄两个阶段，即精神生产阶段和以取得物质载体为特征的物质生产阶段。这标志着文化产品以一种特殊的商品形式进入文化市场，在文化经济化的发展态势中实现了经济效益和社会效益的统一。时至今日，文化经济化已然成为文化领域重大的客观现实，而文化产业的产生则是文化经济化的突出与典型表现形式。在此基础上，不同国家对文化产业的价值取向构成了现今世界关于文化经济化的类型划分。其中，以美国为代表的霸权主义政府强调经济利益至上的霸权文化取向，并具体表现为政府、市场对文化产业的放任与保护，并试图发挥其先进文化产业对全球话语体系的钳制和操控；以日本、韩国、英国为代表，强调对传统文化资源的保护和经济利用，通过培育文化产业以实现知识经济新产业结构转型；以法国、加拿大为代表，则强调国家政策对文化产业的规制与扶助，更加侧重对文化资源的本土性、民族性的传承与保护。[①] 而这种经济文化类型的划分，映射了

① 参见谢传仓：《文化经济化的价值取向比较分析》，《江海学刊》2015 年第 3 期。

不同社会经济发展水平和自然地理条件下的“文化—经济”相互联系的复合体。综上，价值取向各异的文化经济化皆以满足当代社会文化需要为目的，以特定文化内容为基质，是不同区域人们的文化需要与社会经济发展相结合的产物。因此，关于我国文化经济化发展趋势的理解，应当基于社会主义市场经济的理论与经济实践进行阐释。

改革开放以来，我国经济建设取得瞩目成就，市场经济的引入使得人民物质生活水平显著提升，并促进各项文化事业有了不同程度的发展。然而，文化建设相对于经济建设的滞后性也随之凸显。事实上，不同发展观及其背后的发展目标、战略及模式，皆会导致对文化建设的不同态度。而唯经济增长的片面发展观念及其模式造成了经济增长和社会发展之间的紧张关系，这种以经济发展为目的的思维实际上否认了人的发展价值，进而导致了人的劳动及其自身的异化。此外，单纯经济增长的片面发展也会产生大量的外溢性影响，经济行为背后的社会代价、市场成本随之增加，其结果是实际发展过程中经济与文化之间的进一步紧张和对立。为此，我国近年来开始摒除对传统 GDP 主义之于社会发展的盲信立场，而更加强调将提升文化层次作为实现人的全面自由发展的必然要求。而这一发展理念的转变在我国文化政策的变迁中可以得到佐证。特别是改革开放以来，我国提出建立社会主义市场经济体制的改革目标，并要求发挥市场在资源配置中的基础性作用，这使得文化市场准入开始放开，巨量的资金、技术、土地、人力等资源涌入文化市场，广告业、电影业等当时的新型文化产业快速发展。以新闻出版行业为例，1983 年 6 月，中共中央、国务院印发《关于加强出版工作的决定》，提出出版事业改革的新形势和新要求。随着率先在全国开展“事业单位企业化管理”改革，新闻出版行业开始呈现出日渐繁荣的发展景象。相关数据表明，1981—1991 年，我国报纸种类由 476 种增至 1 514 种，年发行量由 1 581 764.5 万份增至 2 130 642 万份，报纸种类增长约 3 倍，报纸发行量增长约 2 倍；而到 1992 年，整个新闻出版行业的生产力比1978年提高了10倍，基本形成了集编辑、印刷、发行、科研等门类为一体的出版系统。有鉴于此，在这种过渡性的文化经济政策引导下，我国文化经济化的发展速度和发展水平实现较之前时期有了明显提升。

2003年6月，全国文化体制改革试点工作会议首次提出了“新的文化发展观”，并深入探讨了文化产品自身商品属性与意识形态属性的内在关系。在此基础上，文化经济化的趋势进一步加深，且文化发展新形势不断对文化经济政策提出新要求。特别是党的十八大以来，我国持续深化文化体制改革内容，不断提高文化产业和公共文化服务发展质量，拓展、创新文化之于社会经济发展的融合面、覆盖面。具体表现在：其一，深化文化体制改革，例如对国有文化资产的清查、登记和评估等监管工作，推动经营性文化事业单位转企改制；其二，健全现代文化产业体系和市场体系，充分发挥文化经济政策作为重要经济杠杆以支撑文化领域供给侧结构性改革的推进作用，例如2020年文化和旅游部出台《关于推动数字文化产业高质量发展的意见》，强调在发挥市场机制的积极作用的同时，努力纠正文化领域过度市场化、私营化等问题；其三，围绕市场经济加快构建现代化公共文化服务体系，深化创新文化推广的政府和社会资本合作，保障政府积极向社会力量购买公共文化服务工作的落实，以此推进文化管理向文化治理转变的公共文化服务改革。

二、经济文化化

在经济与文化的关系中，一方面，经济活动过程本身就是“经济＋文化”的结构形态，客观上蕴含着文化特性，体现出经济或产业的文化属性，即经济文化或产业文化；另一方面，随着文化和经济的互动发展，文化越来越成为促进经济发展的动力，这是21世纪以来世界范围经济发展的一般趋势。所谓经济文化化，是指在经济发展过程中，不断融入文化元素，把文化当作促进经济发展的重要动力甚至是核心动力，并且自觉被文化所化的融合过程。2020 年 9 月，习近平在教育文化卫生体育领域专家代表座谈会上强调推动高质量发展，文化是重要支点，并指出要满足人民日益增长的美好生活需要，文化是重要因素。① 经济文化的发展趋势背后是知识、科技、信息乃至审美、心理等文化要素之于市场经济的作用的充分显现。文化要素不仅可作为经济运转的环境和背景，更广泛作用于甚至主导经济活动的生产、分配、交换、消费等诸环节。由此看来，经济文化化是市场经济发展的基本规律。文化实乃人化，人的一切活动皆是为实现自由或不断趋向自由，并成为诸文化形态赖以萌发的基因。经济文化化的过程，实质是以人为主体的经济活动的存在形式——生产方式、交换方式、管理方式向人本主义的客观转变。其中，社会生产、分配、交换、消费等经济环节的伦理性、主体性、社会性不断增强，在突破"理性经济人"的片面理解的同时，亦超越了单向度的道德人本主义迷境，继而引申出关于经济与社会、政治、法律等关系论证的必要性范畴。相较于文化经济化的哲学意蕴，经济文化进一步强调在历史唯物主义社会经济原理基础上，揭示政治制度、价值观念、行为取向、风俗习惯等因素对经济的持续、健康发展等重要影响②，并具化为文化要素主导化、产品文化和经济发展人本化等发展趋势，而以上影响机理基本可归于经济与社会伦理、经济与文化资本两个方面予以探赜。

其一，经济与社会伦理。随着市场经济的进一步发展，经济活动的人本主义倾向日益加深，特别是在管理、生产领域，市场越发关注企业家、员工、消费者等主体的精神文化需要。而这种伦理性面向，早在经济生产出

① 习近平：《在教育文化卫生体育领域专家代表座谈会上的讲话》，《人民日报》2020 年 9 月 23 日，第 2 版。

② 参见王烨发、包礼祥、王晓春：《经济文化与结构》，《江西社会科学》1998 年第 10 期。

现伊始便萦绕于人的思想之中。马克思在论述社会生产时就已揭示未来“生产以所有的人富裕为目的”的发展趋势，进而引发对财富物质性与社会主体性的统一思考。良性的社会生产必然要求以公平、正义的社会伦理为圭臬和保障。其中，共同富裕即是理解这一经济与伦理关系的本质表达，以公平正义为核心的社会伦理在实质上反映了社会经济关系，其建立在按生产资料公有制的物质基础上并与按劳分配相适应。时至今日，中国式现代化视域下的共同富裕与公平正义的伦理之间高度契合，进而要求质量型的经济增长必须以实现经济发展与社会发展的双重协调为基本目标，也即随着人民群众物质生活水平的提高，其在精神文化、健康安全、教育水平等方面的文化需求也日益增长。因此，社会主义市场经济的发展本质是人文经济，从数量型经济转向质量型经济的发展过程始终为了实现人的全面发展与幸福最大化这一人文关怀与追求。据此，经济与伦理密不可分，并显见于现代化背景下的市场价值观念、行为取向等诸多方面。例如，现代企业家精神的伦理倾向深入企业决策的诸环节。在社会主义市场经济条件下，企业所具有的“独立人格”及其具有自由意志的法人实体使得企业伦理建设问题逐渐凸显。一方面，企业以伦理为本位，在妥善经营中寻求建立政府、企业与员工之间的良性交往生态；另一方面，企业内部管理越发注重对其成员诚实守信、服务至上等市场道德品质的培育，以塑造良善的企业文化与外部形象。企业伦理化过程有利于塑造良善的市场竞争环境、交易环境与责任生态，而其间卓越的经营管理的叠构，将进一步深化我国企业家人格的整体模式，为社会主义市场经济的繁荣和谐提供精神支撑。

其二，经济与文化资本。有关“文化资本”的讨论，最早见于布尔迪厄所著的 *The Forms of Capital*（1986）一书。在其看来，“文化资本”是一种身体化的文化资源，本质呈现为人类劳动成果的积累过程，进而细分为身体化形式（个人的知识、教养、技能等）、客观化形式（书籍、绘画、古董、文物等知识载体和文化表现形式）和制度化形式（学历文凭、资格证书、行业执照等)三种表现方式。[①] 基于文化资本的可转化性、损耗性等特性,市场在其管理和配置中不可避免地对文化资本的价值予以评估,而文化效用之于经济意义上的评估则不同于传统的商品定价思维,无法仅凭边际生产成本来衡量其经济价值,而更有赖于在支付意愿、未来价值期望等诸多方面予以充分确证。因此,经济与文化资本的关系主要由文化消费直观反映。而在消费过程中,文化之于商品的增值作用不断显现,使得经济发展中的产业文化趋势日益明显,并尝试将所有类型产业置于文化视野中探求其发展方向,社会生产开始以文化实力的支撑和耦合来摆脱传统经济增长方式和发展路径。当前"技术—文化论"的兴起,即表明了这种文化资本在经济生产过程中的作用有不断放大的趋势。具体而言,技术不仅表现出有形的物质属性,还具有无形的文化特征。随着知识经济的发展和信息技术的普及,以信息技术为代表的科技发展开始广泛触及文化领域,各类产业之间的融合程度不断加深,文化产业伴随着技术加持开始迅速占据市场,如电影工业、现代服务业等新兴产业得以发展,使市场与生产结构发生显著变化。在此基础上,经济的文化要素在国民财富增长与分配中开始占据重要地位,知识、科技、信息等精神产品从原有经济增长的外在变量衍化为生产函数中的内生变量,并由附加价值向内在价值转变。

三、人文经济——文化与经济融合发展的时代范型

文化与经济的关系常谈常新。受文化经济化与经济文化化的互动模式影响,文化与经济的伴生关系逐渐消弭,取而代之的是富含理论与实践的内生性关系,并在此内生关系中实现了二者的进一步融合深化。2005

① Pierre Bourdieu, "The Forms of Capital", in John G. Richardson, *Handbool of Theory and Research for the Sociology of Education*, New York: Greenwood Press, 1986:241-258.

年 8 月，时任浙江省委书记的习近平同志在《浙江日报》发表政治短评《文化是灵魂》，深刻回答了文化与经济互为依托、深度融合的发展趋势："从根本上说，文化是由经济决定的，经济力量为文化力量提供发挥效能的物质平台。然而，任何经济又离不开文化的支撑。"[①]上述文化与经济的进一步融合发展表明，文化与经济的相互关系不再仅限于影响与决定的辩证关系，更表现为在人类社会的发展进程中互融互促的动态共生关系。同时，中国四十余年的市场经济实践亦深刻表明，文化与经济的融合发展是增强文化自觉的主体性在经济领域的深刻展现，充分彰显了"以人民为中心"的经济高质量发展的人文价值取向，对于促进物质文明和精神文明相协调的中国式现代化建设极具理论和实践价值。为此，人文经济学这一命题成为我国经济高质量发展的必有之问。作为一种独特的经济理念与研究体系，人文经济学主要关注人文要素在经济发展中的作用，旨在以人文精神作为经济发展的目标和方式。事实上，关于经济学的人文回归的讨论具有深广的理论基础。随着马克斯·韦伯、亚当·斯密等经济学者开始强调伦理之于资本主义的推动作用，人类有关经济学与伦理学的隔阂、融合等问题愈加凸显，并大有将文化视为疏解现代经济学"贫困化现象"的最优选项。例如美国经济学家麦克洛斯基曾指出："若想更好地发展经济学，我们需要构建人文经济学。与现有的经济学相比，人文经济学的理论性更开阔且更有力度，其实证性也更宽广且更严谨。"[②]既然人文经济学将经济行为的主体的"人"视为理论逻辑元点，强调"物"之于人的基质、服务作用，那么人文经济学的理论旨趣即与马克思主义的物质观与人类发展基本趋同，亦符合我国始终坚持以人民为中心的发展思想的经济学需要。

在 2023 年全国两会上，习近平总书记在参加江苏代表团审议时强调：

---

① 习近平：《文化是灵魂》，《浙江日报》2005 年 8 月 12 日，第 1 版。

② 迪尔德丽·N. 麦克洛斯基：《糟糕的经济学》，朱源、徐坤译，中译出版社 2022 年版，前言第 1 页。

“上有天堂下有苏杭，苏杭都是在经济发展上走在前列的城市。文化很发达的地方，经济照样走在前面。可以研究一下这里面的人文经济学。”我国经济发展呼唤新的理论创新，而理论创新将助推新时代社会主义市场经济的健康发展。新时代人文经济学符合社会经济发展“第二个结合”的时代要求，体现了党和人民面对经济发展所展现出的强烈文化自信与文化自觉。中国式现代化背景下文化与经济的融合发展，即是以新时代人文经济学为范型的实践论证过程。新时代人文经济学立足习近平新时代中国特色社会主义思想，以人民为中心，促进人文与经济交融互生，一定程度上代表了人类文化自觉与道德自我进一步觉醒的精神过程，并为后续讨论区域文化与经济的辩证发展提供重要指引。

第二章 浙江文化与浙江区域经济发展

文化差异是影响区域经济发展的深层因素。文化对经济的直接或间接效应广受学界关注，并引发了对于经济增长背后文化基因的规范分析研究。斯波劳雷和瓦克齐亚格通过双边模型对基因距离度量的文化距离进行观测，认为以信念、惯例、习性、风俗等文化特征为代表的基因距离差异能够促进或阻滞技术扩散，从而导致区域经济发展差异。① 国内学者如赵子乐、林建浩、刘蓝予等进一步完善了文化基因理论，论证本土传统文化基因对区域经济发展的作用。② 浙江是中国民营经济的重要发祥地和高地，浙江民营经济造就了浙江经济、财政的高速发展。浙江民营经济较之其他省份具备密度高、规模大、实力强、分布均衡的发展优势。据浙江省统计局数据，2021 年浙江省每万人市场主体拥有量已超过 1 300 户，浙江民营经济贡献了全省 67%的生产总值、73.4%的税收、81.6%的出口、87.5%的就业，这些指标均位居全国榜首，并远高于全国平均水平。③ 2023 年中国民营企业 500 强中，浙江占 108 席，连续 25 年保持全国第一；中国民营企业 500 强在浙江省 11 个地级市均有分布，各地、县(市区)民营经济模式、

---

① Enrico Spolaore, Romain Wacziarg, "The Diffusion of Development", *Quarterly Journal of Economics*, 2009, 124(2): 469-529.

② 参见赵子乐、林建浩：《经济发展差距的文化假说：从基因到语言》，《管理世界》2017 年第 1 期；刘蓝予、周黎安、吴琦：《传统商业文化的长期经济影响——基于明清商帮的实证研究》，《管理世界》2021 年第 11 期。

③ 详细数据参见浙江省统计局：《浙江省第十四次党代会以来经济社会发展成就之民营经济篇》，2022 年 5 月 5 日，http://tjj.zj.gov.cn/art/2022/5/5/art_1229129214_4920185.html，2023 年 11 月 20 日。

产业发展皆具特色。因此,研究浙江经济发展现象背后的经济文化基因,阐明其经济文化基因构成及生发逻辑,对中国民营经济未来发展具有重要的理论参考和实践价值。

浙江历史悠久、伦理思想丰硕。浙江文化历经千年的互学互鉴与融合发展,塑造出了内含普适意义的哲学传统与人文精神。基于不同历史发展阶段,浙江文化史共迎来四个高峰期:先秦时期,以范蠡为代表的吴越文化兴起并成为浙江文化史的第一个高峰期;随着宋室南迁,杭州成为当时中国的政治、经济、文化中心,以浙东学派与阳明心学为代表的浙学形成并发展成为中国思想史的原创性高峰,浙江文化由此迎来第二个高峰期;清末民初的社会转型期是浙江文化的第三个高峰期,以蔡元培、鲁迅等思想家为代表的浙江文化反映出浙地人民开放、包容的人格禀赋,浙学广泛吸收西学并推动中国近代的社会革命与思想解放;改革开放至今是浙江文化的第四个高峰期,以浙商崛起为标志的浙江现象印刻着浙江精神、浙商精神的谱系传承及现代化转型。总体而言,源远流长的浙江地域文化传统和与时俱进的浙江文化精神充分滋养浙商文化与培育浙商崛起。其中,发端于浙地的崇商传统与民本政治特质,共同构成了浙江民营经济文化基因的基本内涵与文化逻辑。

第一节　浙江人文风貌的崇商特质

以上不同时期的文化繁荣共同构成了浙江文化的基本脉络,并可从中归纳出浙江崇商的文化传统与社会风尚。先秦时期,浙地商业活动繁盛,崇商的社会风气日盛,商圣范蠡强调“农末俱利”,操计然之策以治产,浙商文化肇始于此，并逐渐兴盛。及至宋室南迁，南孔入衢，“浙商文化”越发受儒学濡染，程朱理学、陆氏心学、金华婺学自浙地生发并推动浙东事功学派与阳明心学的形成。其中，叶适、陈亮等事功之说代表提倡“通商惠工”“农商一事”，王守仁强调士农工商“古者四民异业而同道”。由此观之，“工商皆本”成为该时期浙学的重要立论。近代以来，中国传统商业文明与西方资本主义思想在浙地发生剧烈碰撞。外来资本入侵催生了以浙商为代表的近代中国民族工商业兴起，浙商文化的开放程度进一步加深。中华人民共和国成立后，特别是改革开放以来，新时代浙商直面变革与转型的多重挑战，重构了“义行天下、勇于担当”的精神世界，在“自在而自为”中踔厉精进，创业创新，已然成为浙江现象的基本构成和驱动力量。

浙江崇商传统涵养于浙江地域文化，并在迭代中赓续繁荣。而文化传统的健康维系与合乎理性的发展，则有赖于文化“大传统”与“小传统”之间的良性互动与同步完善。雷德菲尔德最早提出大、小传统的文化分类，其概念指涉基于对人类文明彼此互动结构的二元社群分析，从文化育成的社会网络诠释“精英文化”和“乡俗文化”的不同领域特征，强调在较复杂的文明中，存在着两个层次的文化传统，如大、小传统或者类似的范畴（精英文化与通俗文化、雅文化与俗文化、古典文化与民俗文化、高文化与低文化等）分野。[1] 据此，浙江地域文化的崇商传统在构成上亦可从“大传统”“小传统”两个层面予以考量。从“大传统”看，以士人文化为载体的浙学传统在本体论上赋予商事活动以合理价值，在认识论上通过社会普遍伦理来框范商业目标与商事行为准则，浙江崇商传统的哲学禀赋日盛。而从“小传统”看，以乡俗文化为呈现的商事活动在浙地广泛兴起，主要包括商帮文化、村规民约、家风家训等文化类型。因此，浙江地域文化的崇商传统既深耕于浙学的哲学沃土，又在浙地乡俗文化的加

① Robert Redfield, *Peasant Society Culture*, University of Chicago Press, 1956.

工、传播中逐渐被浙地人民广泛接受，也由此奠定了浙江民营经济的历史文化基因。

一、浙学传统涵养的士人文化呈现

作为中国传统哲学的地域呈现，浙学传统既内蕴传统儒学修身重礼的价值取向，又融合浙地鲜明的文化特质与时代特征。浙江特殊的地理环境造就了浙地士人“开放”“包容”的文化禀赋。浙学自先秦吴越伊始便带有明显的崇商倾向，并在“务实”“批判”“明理”的价值偏好中培育出“崇文重教”“重儒亲商”的文化氛围。及至明清，商品经济萌芽，商人成为士以下教育水平最高的社会阶层，“弃儒就贾”造成大量士人阶层沉滞商人阶级的社会现象，且商业经营的规模愈大则对知识水平的要求也愈高。[①] 由此观之，在浙学涵养下，浙江士人文化对待商业活动持有明显的社会认同与偏好，并发展成为浙江地域文化崇商传统的重要呈现，其文化特质主要体现在如下几个方面：

其一，“富而好德”。《史记·货殖列传》中描述范蠡“富好行其德者也”，“富而好德”即肇始于此。范蠡灭吴兴越，辞官经商，十九年间财富三聚三散，世人誉之“忠以为国，智以保身，商以致富，成名天下”。时至今日，商圣范蠡已成为世代浙商的精神图腾，其“富而好德”思想对浙商文化影响深远。

其二，“实事疾妄”。东汉王充于《论衡》一书中提出“实事疾妄”的哲学批判，强调在否定诸般迷信虚妄的同时，建立起批判、唯实的思想学说，奠定了浙江民营经济文化中“求实”“诚信”“批判”的实学精神内涵。

其三，“义利并举”。义利之说是传统儒学与近代商业伦理的核心辩题。浙江永嘉学派代表叶适在《习学记言序目》中提出“故古人以利和义，

---

① 余英时：《中国近世宗教伦理与商人精神》，九州出版社2014年版，第213页。

不以义抑利”的义利统一观，消解了儒学传统意义上的“义”“利”冲突，实现了义利关系的互补。“义利并举”成为在市民社会背景下浙江士人阶层价值观的重要体现。

其四，“知行合一”。阳明心学代表了浙学的最高成就。王阳明强调士农工商“异业而同道”，人人各尽其能“以求尽其心”，以“知行合一”通达“致良知”。阳明心学在心物之论和良心、良知、知行观的哲学建构中，强调发挥人的主体意志，这与当代弘扬企业家精神亦十分契合。

其五，“工商皆本”。黄梨洲强调工商“盖皆本也”，主张“经世致用”以富国强民。这一观点从哲学高度肯定了工商业的本体地位，其暗合政制改革与经世济民思想，深刻反映出浙地崇商的社会风气和文化特质。

其六，“包容维新”。无论是蔡元培任北大校长期间提出的“兼容并包”，还是以鲁冠球等为代表的浙商群体所秉持的追求卓越、永不言弃的经营理念，其背后皆体现了浙地人民思想开放、文化包容的人格特质，展现了浙商灵活变通、兼收并蓄的文化基因。

二、浙地商业发展的民俗文化呈现

自古以来，浙地商业风俗兴盛。南宋时期，杭州成为当时我国最大的商业城市，其岁时、礼仪、娱乐、饮食等风俗活动丰富，深刻反映出浙地新兴市民商人的生活旨趣；浙地对外贸易活动频繁，宁波、舟山等港口贸易业、渔盐业发达，得天独厚的海洋生态培育了浙地人民勇敢、勤劳、开放的精神特质；浙地手工业种类繁多，龙泉宝剑、哥窑青瓷、东阳木雕等精湛工艺映衬出浙地人民精致、创新、格物的人文特质。浙地丰富多元的商业活动源于浙地人民崇商重教、通商惠工的文化倾向。以浙江商帮文化、浙江家风家训、浙江村规民约为主要内容的浙地商业乡俗文化，以治生、理财和制用为纲，深刻反映了浙地深厚的崇商民俗风貌。

其一，讲求诚信、务实、开放的浙江商帮文化。浙江商人自浙地生发，以血缘宗族和地缘乡谊为纽带，在客居地建立同乡会馆、公所等商人团体。浙江商帮种类繁盛，商帮文化丰富。自南孔入衢，儒学深刻塑造浙江商帮文化"亦儒亦商"的身份特征。在儒学影响下，浙江商帮具备"财自道生，利缘义取"[①]的儒商品格，并在浙学涵养下带有"道由天定，事在人为"的乐观商人取向。以"龙游商帮""宁波商帮""南浔商帮"为代表的浙江商帮文化海纳百川、开放包容。民国时期的文献《龙游县志·氏族考》详细记载了当地汉族83姓430族及其宗谱，外籍商人寓居于此，并将各自的经商经验带到龙游。此外，浙江商帮分布全国各地，如绍兴商人所办的银号会馆、浙绍公所；杭州、金华、温州等地商人贸迁苏州所创办的武林杭线会馆、钱江会馆、金华会馆、浙南公所；经营瓷货的浙商群体在重庆、甘肃兰州府等地集资设立的浙江会馆。这种团结乡谊、开放互信的商帮文化，深植于浙商发展过程，构成浙商世代相传的文化基因。

其二，强调崇商尊儒的浙江家风家训。浙江家风家训深受儒家文化浸润，深受浙东学派启迪，深受浙商文化影响。以吴越《钱氏家训》、陈郡《谢氏家训》、吴兴《沈氏家训》、德清《俞氏家训》等为代表，浙江家风家训传承儒学成人之道，以家庭为本位，坚持平民立场，在融通儒释道中表达出终极性道德关怀。其中，崇商尊儒这一浙江家风家训便是市民社会中浙江崇商文化与传统儒学有机结合的重要表现。例如，《澥浦郑氏宗谱》有载"崇商尊儒、明礼诚信、乐善好施、慈孝睦邻"；《袁氏世范》有载"如不能为儒，医卜、星相、农圃、商贾、伎术，凡可以养生而不至于辱先者，皆可为也"；《四明章溪孙氏宗谱》有载"信义人所弃，我自得之，则富贵出"。直至近代，胡庆余堂以"戒欺""真不二价"为百年经营理念；包玉刚因诚信经商而美誉寰中。浙江崇商风俗广泛融于优良家风家训之中，并在以

① 朱贻庭：《伦理学小辞典》，上海辞书出版社2004年版，第334页。

家庭为本位的宗族文化的蕴养中得以传承。

其三,重视商事规范的浙江村规民约。浙江乡约文化源远流长。明清时期,以“圣谕”为旨归的乡约教化风尚在浙地乡村广为传播,其目的是通过地缘认同劝导人心向善,以敦风化。浙江传统村规民约多以“禁碑”“堰塘管理碑”“护林公约”“管闸”“罚规”等形式对育林、养鱼和农业灌溉等生产活动进行规制。此外,浙地传统乡村对行商多持支持立场,如清末遂安洪子泉所定《勤俭社约》中载“无论士农工商,授一业与之习,则心有所闲,身有所拘”[①],且提倡富商承担更多的乡族责任。[②] 世代浙商广受乡规教化,在外行商仍谨守商约规定,并将商约习俗带至外地。如清康熙年间“浙人懋迁于京者创祀之。以奉神明,立商约,联乡谊,助游燕也”[③]。至现代,浙地村规民约仍沿袭崇商风俗,并常见以文本形式明确村民合理分配集体资产、发展村集体经济等商事行为。[④]

综上,浙学及其基本精神,造就了中华传统文化与地域性文化基因的对接与互动,达致浙地精神的主体觉醒,特别是其中“实事疾妄”“崇义养利”“经世应务”“知行合一”“富而好德”“包容维新”等思想,在与江南山水的融通中,演化出浙人“务实”“尚诚”“包容”的人文气质,呈现出浙人理性与实用兼容、诗意与精致共存的文化形象。

---

① 杨一凡、刘笃才:《中国古代民间规约》,社会科学文献出版社 2017 年版,第 338 页。

② 晚清著名慈善家余治编纂的《得一录》中收录了清代各地各种类型的行之有效的善会、善堂章程,其中包含《浙江抚藩宪通饬合属十一府一州仿行同善会牌语》《浙江绅士赵钺请通饬保婴会呈稿》等大量有关浙地乡村要求当地富绅行善的民间规约。

③ 李华:《明清以来北京工商会馆碑刻选编》,文物出版社 1980 年版,第 11—12 页。

④ 例如,《浙江省杭州市宣家埠村村规民约》第七、八、九条对村财务监督、村集体资产管理制度等进行规制;《浙江省江山市清泉村村规民约》于 2023 年 10 月明确新增发展村集体经济、合理分配集体资产等制度条文。此外,笔者以杭州市 17 个传统村落村规民约为参照,其中绝大多数村规民约对村集体资产等经济事务予以明文规定。

第二节　浙江民本思想的重商倾向

政治与经济密不可分，马克思基于“历史具体性”的经济学分析，确切表明经济运行的政治本质特征，波兰尼则在此基础上强调了关于政治力量塑造经济运行的规范主张。从词源来看，“经济”本身即有“经世济民”之意；而“文化”是人类在社会历史发展过程中所创造的物质财富和精神财富的总和。浙地以悠久的崇商传统、重商风尚与丰富的经商实践，孕育了浙江历史上独特的商业文化与令人瞩目的商业成就。“以人为本”是浙江经济社会发展的成功经验，新时代浙江坚持贯彻“以人为本”这一发展理念，是对浙江地域文化中民本传统的历史超越与时代升华。

一、浙江民本传统的文化经济渊源

中华传统文化始终遵循“以人为本”这一精神旨归。中国古代的民本思想，早在西周即获得清晰表达。儒学“民本”思想源于先秦士人所强调的“敬天保民”理念，并经孔、孟发展成为中国德治主义的基本政治概念；随着儒学体系逐渐成熟并成为显学，浙江地域文化越发受儒学思想濡染，浙江“以人为本、执政为民”的政治文化由此发轫。先秦以降，越王勾践唯亲民以治邦；东汉王充在《论衡·别通》中提出“天地之性人为贵，贵其识知也”的认知论，强调人的认知理性的重要性，通过获“知”以达社会安定。

进入宋明时期，浙地市民社会开始形成，工商业繁荣促使民本思想进一步深化，并广泛呈现于政治、文化领域。其中，以杜衍、胡则、范钟等浙地士人代表追求“为官一任，造福一方”的政治理念，朱熹、陆九渊、吕祖谦等大儒继承先秦儒学的民本、仁学之说。程朱理学、白沙心学等学派皆内含“富民”“薄赋”“恤民”的社会主张，以至于后来的浙东事功之学进一步发展儒学的民本内核，从“民惟邦本”转而更多关注人民生活水平的实际提升，并在“实事”“实功”“及之而后知”的工夫论基础上提倡“工商皆本”，通过现实的商业活动以改善民生福祉。再至集大成之阳明心学，以“致良知”为本体，以“格物致知”为良知的实现方式，以“道器不离”“心物不分”的“事上磨炼”统摄人的精神与物质世界，由此生发出“明德亲民”“四民异业同道”的民本旨归。

至明清之际，浙地“民自为市”“资商利农”风气日盛。江浙等地农业人口更多地转向手工业与商业，致使市民阶层进一步扩张，并带动新型专业市镇的出现。[①] 该类城镇距州府较远，官寡吏少，因而商品经济萌芽发展较为迅速。这一时期，黄宗羲、张翰、刘宗周等浙地文人代表彻底否定“重农抑末”的观点，提出“切于民用”的社会主张和“工商为本”的经济主张，其哲学立场已彻底抛弃了宋明理学道德理想主义的禁欲修性，通过发展“心性论”的“性”“命”“天”和“事”，以表述“理”的本然、超越意义[②]，由此使得理学带有鲜明的世俗化与通俗化特征，即李贽在《焚书・答邓石阳》中所说

① 江浙地带以工商贸易为功能的新型城市雏形发展迅速，例如“震泽镇及近镇各村居民乃尽逐绫绸之利，有力者雇人织挽，贫者皆自织，而令其童稚挽花，女红不事纺绩，日夕治丝”（《震泽县志》卷二十五），其逐渐发展为开放型的市镇规模。

② 章学诚《文史通义・卷五》有言：“浙东之学，虽源流不异，而所遇不同。故其见于世者，阳明得之为事功，蕺山得之为节义，梨洲得之为隐逸，万氏兄弟得之为经术史裁。授受虽出于一，而面目迥殊，以其各有事事故也。”质言之，这种“事”的哲学是对良知学的一种向外扩展”类型的诠释，“不同的人事有其内在的秩序条理（一事一义），是在‘事’的开展过程中内在形成的。这种内在性，是奠定不同的知识和职业分工的基础。‘事’的哲学能够充分尊重其独立逻辑，同时又贯通人的‘生意’于其中；充分肯定每一事物的个体性之理，实现随顺万物而不失其真，不会导致朱子学‘惨刻不情’的流弊”。参见陈畅：《理学与三代之治——论黄宗羲思想中形上学、道统与政教的开展》，《哲学动态》2021 年第 6 期。

的“穿衣吃饭，即是人伦物理”。至此，浙江传统文化的民本思想发展至顶峰，其民本旨归背后的反传统政治伦理与重商思想为浙江商业的持续繁荣提供了充分的政治文化支持。

二、浙江“以人为本”理念的时代创新

由此可见，民本理念深植于浙学文脉，并在当代迎来创造性转化与创新性发展。近代以来，浙江民本思想实现了从“民”向“人”的主体性超越，从关注民众的基本生活需要转向关注人的多层次需求，强调人的物质需要与精神需求的全面发展。改革开放以来，浙江民营经济快速飞跃，民间资本迅速扩张。浙江在政策并无特殊、陆域资源并不丰富的情况下，成为全国经济发展的典范。党的十八届三中全会以来，浙江经济正面临前所未有的改革红利，浙江抓住积极发展混合所有制经济这一重大历史机遇，持续扩大市场内需，扩大民间投资，深化普惠金融，努力实现民营经济的高质量健康发展；而今，浙江坚持贯彻“以人为本”这一发展理念，以应对数字转型这一社会变化趋势；围绕“机关效能最强省”“政务服务满意省”“数智治理先行省”“数字生态示范省”等政府发展目标[①]，致力于构建数字化、市场化、法治化营商环境。自 2020 年以来，浙江省政府及有关部门先后出台《关于在市场监管领域全面推行部门联合“双随机、一公开”监管优化营商环境的实施意见》《浙江省农村集体经济数字系统管理办法(试行)》《关于印发推进细分行业中小企业数字化改造行动方案的通知》《关于进一步优化营商环境降低市场主体制度性交易成本的实施意见》《浙江省优化营商环境条例》等政策文件，助力数字民营经济持续健康发展。

---

① 浙江省人民政府办公厅：《浙江省人民政府关于印发浙江省数字政府建设“十四五”规划的通知》，2021 年 6 月 18 日，https://www.zj.gov.cn/art/2021/6/18/art_1229019364_2305064.html，2023 年 12 月 2 日。

此外，从“四千”精神、“两板”精神、“三板”精神到“新四千”精神，再到新时代浙商精神，“以人为本”的浙江文化内涵在传承中创新，内化为浙地人民的优秀文化基因，成为红船精神、浙江精神的真实写照。其中，浙江精神即是浙学“以人为本”的当代呈现。浙江精神的基础是“自强不息、坚韧不拔、勇于创新、讲求实效”。浙江精神在民众中体现的是务实，在企业家中体现的是拼搏和创新，在政府理念和职能中体现的是执政为民。新时代浙江精神以开拓进取的事功思想为“基本功”，坚持“求真务实、诚信和谐、开放图强”的发展理念，并要求浙江工作“干在实处、走在前列、勇立潮头”。这是浙江民营经济高位发展的不竭动能，是浙江人高度文化自省、文化自觉、文化自信的集中体现，是浙江发展的精神坐标，是浙江省政府执政为民的生动写照。

第三节　浙江民营经济繁荣的文化逻辑

“文化基因”一词属于文化人类学范畴，英国人类学家道金斯最早以“Meme”这一新的文化概念表达文化的复制与传递。[①] 近年来，“文化基因”在国内被广泛提及，其基本概念指涉文化传承的内在机制，要求文化在积累与再生产中纵向复制，并强调不同时期文化与同时代社会主体的动态结合。此外，生物基因的独有特点和遗传属性使得“文化基因”带有典型的区域特质。因此，浙江民营经济文化基因的构成逻辑，即是浙江特有的崇

① Richard Dawkins, *The Selfish Gene: 30th Anniversary Edition*, Oxford University Press, 2006.

商传统与地域民本特质二者的互构与交融，并在中国传统文化与浙江地域文化的互证与结合中不断演化，发展成为新时代中国经济文化发展的重要范型。

一、浙江崇商传统与浙江民本特质的互构与交融

人的本性是自然性和社会性的统一。“民本”在“人本”的基础上进一步演绎，强调人在物质生活资料方面的基本要求。民本思想不断完善的过程，也是基本反映其所处社会时期经济发展状况的过程。阿马蒂亚·森认为，经济的发展应当归于人的价值目的，关注人的发展，强调发展可以被看作是扩展人们享有的真实自由的一个过程。① 而人的经济活动的内在机理，则主要表现为“欲望”“需求”“价值”等精神内容。浙江自古深受崇商文化影响，商业化较之于其他地域更为发达。在紧张的生存环境中，浙地人民开始追求商品的交换价值，从自身存在的需要出发，不断丰富物质生活，其商业实践逐渐涵养出浙江“务实”“功利”“崇商”的文化倾向。

随着商品生产与交换的不断发展，人的社会需求和消费欲望不断上升，市民社会由此形成，并在浙地呈现为丰富的商品种类与交换形式。商业活动的繁盛实现了人的“欲望”需求，随之产生人对于实现程度的主观感受这一“价值”层面的问题，与此相应还引起士人乃至社会对“身心欲理之辩”“义利之辩”“公私之辩”的哲学思考。在此背景下，浙学于宋室南迁这一历史节点后逐渐壮大，其背后蕴含的“富而好德”“义利并举”“工商皆本”等崇商文化特质可视为浙地人民对以上价值辩题的主流回应，并暗含对民本、民富乃至民主的理性思考。由此观之，浙江商业经济从低向高的动态演进，体现了浙地人民对物质与精神世界不断追求的动态发展过程。浙江

① 阿马蒂亚·森：《以自由看待发展》，任赜、于真译，中国人民大学出版社 2002 年版，第 1 页。

崇商传统与浙江民本特质在此过程中互构交融，并融贯于浙学思想体系之中，共同构成了浙江民营经济文化基因的基本内核。

浙江崇商传统与民本特质的互构交融并非偶然现象，而是反映在历史进程中的深层文化整合的必然结果。这种交融使浙江的商业活动超越了单纯的逐利行为，在农商并重与经济民生的统一、义利并举与社会责任的相合、知行合一与创新创业的协同方面，成为民生福祉和社会价值的实践载体。

其一，农商并重与经济民生的统一。浙学传统中的农商关系始终是互补统一的。永嘉学派的代表人物陈亮认为："商籍农而立，农赖商而行。"(《龙川集·四弊》)这一辩证认知打破了传统重农抑商的思维定式，在实践中体现为经济效率与民生福祉的统一。浙江的商业实践充分表明，健康的商业生态能够有效激活生产要素，创造就业机会，提升民众收入水平，为民生改善提供物质基础；而民生的持续改善又为商业活动培育了更有活力的消费市场和人力资本，形成正向循环。

其二，义利并举与社会责任的相合。浙学传统中的"义利之辨"实现了具有革命性的哲学突破，批判"重义轻利"的教条，主张"以利和义""义利并举"，将正当求利与道德追求辩证统一。可以说，"以利和义"的价值观使浙商的财富创造具有了更深层次的道德合法性和社会可持续性。例如：浙商传承"许民求富、保民之富"的民本思想，将企业发展与社会福祉紧密结合；秉持"正当求利"原则，将创新精神和市场智慧转化为财富创造；自觉成为文化传承创新的使者，使商业诚信的文化基因代代相传……以上道德实践皆是浙商"义利并举"思想的生动注脚，成为浙商精神薪火相传的重要内涵。

其三，知行合一与创新创业的协同。浙学思想，特别是阳明心学强调的"知行合一"，为浙商提供了商业实践的方法论指引，成为推动商业理念与实践创新协同一致的思想基础。阳明心学本质上是一种实践哲学，强调通过“事上磨砺”实现主体价值，在浙江发展中渐化为制度与技术创新的实践特色和优势。在制度创新上，浙江省政府尊重群众首创精神，通过“放手发展”“主动引导”，推动市场经济改革突破。从全国第一张个体工商户营业执照到首家股份合作制企业，从“最多跑一次”改革到政务服务增值化改革，浙江省政府以制度创新回应企业需求，构建起具有中国特色的“亲清”新型政商关系。在技术创新上，浙商将“知行合一”精神注入技术攻坚。近年来，浙商秉持提升技术、产业、制度创新力与竞争力的信念，通过平台和生态建设加快重塑企业自身新优势、新动能，深化数字与实体、数字与数据的融合，加快推动数字化、智能化转型，成功走出了数字经济创新提质“一号发展工程”的“浙商路径”。

简言之，浙江的崇商传统从来不是单纯的逐利行为，而是深深植根于民本关怀的价值体系；而浙江的民本特质也非抽象的道德说教，而是通过商业创新和社会治理转化为实实在在的民生福祉。二者的互构交融，形成了“义利共生”的文化生态，使经济发展与文化传承相得益彰，市场活力与社会和谐相互促进。

二、中国传统文化与浙江地域文化的互证与结合

中华优秀传统文化是中华民族、中国式现代化的根与魂。对于精神文化的解读往往因研究视角不同而存在差异，但所具有的共识之处，在于任何精神皆涵摄社会发展的动态文化图景，而且在这种社会经济变化发展的背后，必然蕴含着对某种价值的追求。中国传统文化（以儒家思想为核心）与浙江地域文化（以浙学为精髓）的互动，构成了中华文明“一体多元”的生动样本。二者并非简单的主从关系，而是通过“互证”（相互印证文化基因）与“结合”（实践层面的创造性转化）实现深度融合。浙商精神作为实践载体，成为观察这一互动的关键窗口。对于浙学传统与浙商精神的共同理

解，必然要求在浙江地域文化与中国传统文化相统一的文化视角下予以考察。具体而言，浙江崇商传统与浙江民本特质是浙学传统的精髓，以阳明心学为标志的浙学思想高峰同时也是中国传统文化的原创性思想高峰。浙学的形成即是中国传统文化在浙江的创造性转化与创新性发展，而浙学形成的逻辑即是中国传统主流文化与浙江地域文化的互证与结合。浙江民营经济文化的基因构成同样符合浙学形成逻辑，并在传统文化与浙学的结合中与时俱进，成为具备中国哲学精神的浙江地域文化表达。因此，浙学传统与浙商精神一体共生，恰是中国传统文化精神中自强不息精神的生动反映、厚德载物思想的当代呈现与以人为本理念的重要遵循。浙江人民之于这一文化逻辑的呈现具体表现在如下三个方面：

其一，浙商的崛起是浙江人民勤奋耐劳、知难而进的必然结果。改革开放以来，浙江民营经济取得了举世瞩目的历史成就，现已成为浙江社会经济高质量发展的主要推动力量。浙江民营经济主体的数量之多、密度之大、种类之众全国罕有，其背后的起步与发展历程恰是浙江人民在艰苦环境中勤奋耐劳、知难而进的结果。

其二，浙商在中国商业史上的持续繁荣昭示了浙江人民独立不惧、勉力而为的性格禀赋。浙江深厚的历史文化传统孕育了众多杰出的商人和繁荣的商业文化，这种历史文化传统为浙江民营经济提供了强大动力。自古以来，浙江就以商业文化闻名遐迩，诸如宁波、龙游等地的商帮在国内外都有着极高的知名度。深厚的商业文化成为浙江人民“先天的商业基因”，使得浙江在近现代能够迅速抓住机遇，发展壮大。近代浙商是中国民族工商业的中流砥柱，而当跨越了历史时空，新时代浙商再次成为中国市场化改革和经济发展的最活跃的群体之一。

其三，与时俱进的浙商精神映射出浙江人民顺应自然、生生不息的理性哲思。改革开放初期，浙江人民在资源紧缺、人地矛盾紧张和计划经济边缘的政策环境背景下，积极响应党的号召，其艰苦奋斗、从无到有的创业历程正是中国特色社会主义市场经济发展的早期重要缩影。“四千”精神符合市场经济发展需要，成为与传统文化精神相承接、与现代法治精神相适应、与市场经济相协调的重要精神呈现，是浙江高质量发展建设的重要精神动力。

浙学的思想文脉薪火相传，浙商的精神基因世代绵延。其中，以“儒商精神”为代表的中国传统商业伦理在儒商文化与浙商文化的互构中形成“万物一体”“以人为本”“圣者尽伦”“以义生利”的哲学旨归；而以“四千”精神为代表的新时代浙商精神，在中华优秀传统文化与浙江地域文化的融合与转化中成为中国民营经济发展的重要精神范型。新时代浙商文化在浙学基础上，对商人的精神禀赋、经营理念等进行了延伸，在政治、经济改革过程中保留了中国传统文化与哲学传统的伦理内涵，成为当代地域性商业文化的重要呈现。

第三章

两晋之前浙学传统的成长

从思想史视角看，浙学传统基本成型于南宋永嘉学派，而明代阳明心学则标志着浙学的最终成熟。然而，浙学传统的成型与成熟，并非一朝登顶，而是先秦以来吴越先民生活方式与精神追求持续滋养下的结果。在这一过程中，浙江先民逐渐摆脱吴越与中原之间的文化隔阂，经济的发展又促成南北文化相互融合与嬗变。作为标志性的历史事件，东晋“衣冠南渡”之后，浙学已然开始进行文化的自我定位，通过这种定位，“重实”的学风与“尚诚”的价值为浙学所自觉标立。真诚务实的时代精神与吴越文化的传统性情相互浸润，塑造出浙人“内敛而果敢”的气质。

第一节　吴越：先秦浙江地区的“离人”时态

一、吴越先民的非农生活与质直性格

就地理而论，自春秋伊始，浙江便是推动中国历史演进的最重要的区域力量之一。浙江地处吴越，大部分属越国。吴、越两国的连番争霸，使浙江在中国历史上早早登场。先秦时，浙江已是水民聚集之地，擅航行，屡屡溯江而上，西入楚地，“水行而山处，以船为车，以楫为马，往若飘

风，去则难从”[①]，更依靠其造船技术，独辟海道，经东海、黄海而至渤海登陆，直至齐鲁北方地界。《左传·哀公十年》记载了吴国将领徐承“帅舟师，将自海入齐”，为齐人所败一事。《管子·轻重甲》亦载齐桓公对越国的忌惮：“天下之国，莫强于越。今寡人欲北举事孤竹、离枝，恐越人之至。”由此可知浙江地区与中原之间交流颇为频繁。

然而，先秦时浙江尚未进入中原文化系统，齐鲁一系常以“夷狄”称呼之。究其缘由，离“诸夏”群邦而索居东隅，使越人养成了不同于齐鲁人的生活方式。《汉书·地理志》说，“本吴粤与楚接比，数相并兼，故民俗略同”，因而吴越民俗受楚风影响更大。不仅如此，在相似的自然条件下，两地也拥有类似的货殖出产，从而构建起比较接近的生活方式。司马迁在《史记·货殖列传》曾总结道：“楚越之地，地广人希，饭稻羹鱼，或火耕而水耨，果隋蠃蛤，不待贾而足，地势饶食，无饥馑之患，以故呰窳偷生，无积聚而多贫。是故江淮以南，无冻饿之人，亦无千金之家。沂、泗水以北，宜五谷桑麻六畜，地小人众，数被水旱之害，民好畜藏，故秦、夏、梁、鲁好农而重民。”浙地人均土地面积大，自然肥力优越，水稻虽是主粮，民食尚不独凭，瓜果、河鲜、海货皆可代替之，食物多样性强。物产条件在很大程度上决定了吴越先民不必好农的生活方式，这就成了倡导重农的太史公口中的“呰窳”（意为“懒惰”）。诚然，荆楚“以渔猎山伐为业”（《汉书·地理志》），吴越亦非特主于刀耕火种，部落放牧生活的习惯依然浓重，有别于中原农耕文化。“非华夏”的生存方式，衍生出日用常行方方面面的独特习俗。“徙越”式的故事[②]，时世似乎传唱颇广，无一不聚焦浙地先民衣着的独特。不唯

① 袁康、吴平：《越绝书》，徐儒宗点校，浙江古籍出版社2013年版，第51页。

② “鲁人身善织屦，妻善织缟，而欲徙于越。或谓之曰：‘子必穷矣。’鲁人曰：‘何也？’曰：‘屦为履之也，而越人跣行；缟为冠之也，而越人被发。以子之所长，游于不用之国，欲使无穷，其可得乎？’”（《韩非子·说林上》）类似故事亦见于《庄子·逍遥游》：“宋人资章甫而适越，越人断发文身，无所用之。”唯论者有鲁、宋之别。

装束,《荀子·正论》做过一番概说:"彼王者之制也,视形势而制械用,称远迩而等贡献,岂必齐哉!故鲁人以糖,卫人以柯,齐人用一革,土地刑制不同者,械用备饰不可不异也。故诸夏之国同服同仪,蛮夷戎狄之国同服不同制。封内甸服,封外侯服,侯、卫宾服,蛮夷要服,戎狄荒服。"盛器、服饰、祭祀等各种生活细部,均透露出吴越文化与中原文化的区别,这已是当时共识。

敷用器械如此不同,性情气质也相异。自然物产的相对丰富,使得浙人并无"蓄藏"的观念。无意于"蓄藏",相应地,往往也不经意于各种"准备"与"谋划",应对酬酢之礼难有用武之地。《浙江通志》所说的"质直而近古,好斗而易解",大不同于齐国"宽缓豁达"与鲁国"好儒备礼"(《史记·货殖列传》)的文明风尚;再加上"江南卑湿,丈夫多夭"(《汉书·地理志》),促生物产的优越气候与地理条件,同时也构成人类定居的卫生威胁,死生不测乃是生活常态,因此先民逐渐练就了一种"轻死易发"(《汉书·地理志》)的秉性。

无志于收摄而任性驰骋,是浙民性格气质的原点。从某种意义上说,先秦越国的兴衰变化与浙民性格的收放相关。不关注"蓄藏",国力必不能持久,故勾践有会稽之败。而后卧薪尝胆,专念积贮。兴农以畜人,"身自耕作,夫人自织,食不加肉,衣不重采,折节下贤人,厚遇宾客,振贫吊死,与百姓同其劳"(《史记·越王勾践世家》);尤其用力于振拔商贾以畜资财,用计然、范蠡之策,是浙人重商的开端。①

但是,商不自商,因农而商。在中国文化的价值谱系中,正商之道是"分财布利通有无"(《尚书·洪范》),它与近代商业专注于资本增值的理念

---

① 勾践用计然之言"知斗则修备,时用则知物,二者形则万货之情可得而观已"。货品的"实情",不仅在于"修备"与"知物",还在于"知斗"与"时用",生产(农)与流通(商)是为一大整体,"农末俱利"方能强国。范蠡师其说治家,成一方巨富。参见《史记·货殖列传》。

的相异之处在于:欲通有无,须先有物品的实产,故经商必以重农为本,商业乃是农业的“通变”,其职责系于平易资源,取有余以补不足。“不患寡而患不均,不患贫而患不安”(《论语·季氏》),孔子这一脍炙人口的名言便已点明商业之兴应以“均物用而安人心”为价值出发点,那种仅仅逐猎财富的商业是缺乏意义的。所以,在中国传统社会中,唯农耕发达在前,方能根植商业精神于后。天下“好贾趋利,甚于周人”(《史记·货殖列传》)者,齐鲁而已。正因为齐鲁地区耕植之业健硕,是天下农业的中心,才能衍溢商贾之风,并将商业思维方式整塑入百姓的性情肌理之中,再而影响其生活方式。从此意义上说,先秦吴越之地虽然亦有重商之论集中发端,但毕竟只是一时政策权宜,等到勾践成功复国,隆盛一时,旋即转聚藏为散财,穷兵黩武,朝夕羸惫。[①]

二、吴越文化与中原文化的隔阂与趋近

先秦时期,吴越向中原的版图扩张,同时也是“浙地”向“华夏”的文化融受。无论是有意识的富国强兵,还是出于无意识的器用交通,浙人均持续受到来自齐鲁的时尚的熏习。鲁襄公二十九年(公元前544年),吴国太子季札出使鲁国,宴会中颇能观评周乐,便可见一斑。[②] 孔子说“夷狄之有君,不如诸夏之亡也”(《论语·八佾》)。《春秋》先称“吴人”,后改呼“吴子”[③]。

---

① “胜非其难者也,持之其难者也,贤主以此持胜。”(《列子·说符》)春秋诸霸,吴、越两国延祚尤短。吴阖闾、夫差两代,盛不过五十载,既为越所灭。越国持存稍长,然勾践之后,内乱频仍,弑君荒政迭代不息,百五十年,为楚所并。墨子言:“今天下好战之国,齐、晋、楚、越。”(《墨子·非攻下》)同是好战,知兴发而不意守藏,四方出击,散耗不及补,胜不能持,此正吴越疾凋的症结之一。

② 参见《左传·襄公二十九年》。

③ 《春秋》书名例,常寄托孔子“夷夏有别”的文化族群观念。先称吴王为“吴人”,意在仅仅承认南人与中原人的生物同类性;后以周王所封子爵称吴君为“吴子”,则已默认南北的文化同气。

种种事实，均可以推敲出浙地渐入中原的趋势。但历史的另一面是：吴越在贵族政治与大众日常中又频繁违礼[①]，“民愚疾而垢”（《管子·水地》）之类的贬鄙几乎是风评公论，先秦记文以“越人”类比中原价值圆心的最乖离处，已是心照不宣的表达习惯。《韩非子·外储说左上》说“以利之为心，则越人易和；以害之为心，则父子离且怨”，语势间以“越人”喻“不易和”者；《墨子·耕柱》中，巫马子对墨子说“我不能兼爱。我爱邹人于越人，爱鲁人于邹人，爱我乡人于鲁人，爱我家人于乡人，爱我亲于我家人，爱我身于吾亲”，言下之意是“越人”最远于邹鲁而难亲爱。

浙地先民在其接近中原之初，处于一种文化上的“离人”状态：一面就近接驳华夏的思维，向而往之；另一面又不愿轻易磨平自身性情的天然脉动，又疏而远之。《庄子·山木》借一则寓言，较为公允地道明这一脉动：“南越有邑焉，名为建德之国。其民愚而朴，少私而寡欲；知作而不知藏，与而不求其报，不知义之所适，不知礼之所将，猖狂妄行，乃蹈乎大方。”此“建德”国民，显然是现实世界里吴越众生的群像写真。而这一人群，若从中原礼义谱系观之，则难免素隐行怪。

即便时移势易，秦汉大统，文礼南教渐入佳境，浙地与中原的心隔，仍未易一朝冰释，反而在质直秉性被文而化之的过程当中，将激情内向化为独特理性，激发出与中原大相径庭的哲言运思。威权独揽，一时无出汉武帝之右，董仲舒借重神权，以“君权神授”羽翼武帝野心，君王独听天帝神祇之令，百姓唯有绝对服从，“主上遇其大臣如遇犬马，彼将犬马自为也”（《汉书·贾谊传》）。但是，会稽王充疑其信，特唱“疾虚妄”，以气为宗，主张生物自然，斥鬼神为无稽之谈；著《论衡》八十五篇，传于吴越，正时俗嫌疑，可谓开浙学重实之端。至于三国，时人仍习惯将“吴越”

---

① 《春秋》与《左传》中记载了大量吴越贵族的违礼行为，首当其冲者便是僭称王号。《尸子·广泽》亦记有吴越对齐鲁风俗的反抗：“吴越之国以臣妾为殉，中国闻而非之。怒，则以亲戚殉。”

与“中国”对举①，寄寓彼此文化心理的深层落差。后人研究前史，言及这一时期，又常翻检吴越与华夏的异俗，甚而在双方的龃龉之上附会家国兴亡的致因。②

不过，离人终须还。自吴越与中原交通之初，彼此互相的“在场”已然是无法消泯的事实。人总是基于既有事实来筑成对未来与未知的想象，在某种意义上，想象诉说的正是现实的结构。而吴越与中原的一体，早已位居这一现实结构当中。“羽扇纶巾”的五百年后，李白已经可以因梦吴越而一夜遐思飞渡，脚踩谢公屐，与谢灵运③共醉于“半壁见海日，空中闻天鸡”的山水胜景。而他所正经历的南北同心辐辏，八百年前的东方朔便已在玄想瀛洲烟波时不禁流连，《海内十洲记》言：“瀛洲在东海中，地方四千里，大抵是对会稽，去西岸七十万里，上生神芝仙草。又有玉石，高且千丈，出泉如酒，味甘，名之为玉醴泉。饮之数升辄醉，令人长生。洲上多仙家，风俗似吴人，山川如中国也。”瀛洲仙家所承载的，正是吴越与中原之间相互的润养与扶掖。由是观之，归旨即开端，原始反终，庄周所言“今日适越而昔至”（《庄子·齐物论》），并非吊诡。

---

① 诸葛亮在游说孙权联刘抗曹时说“若能以吴越之众与中国抗衡，不如早与之绝”“说孙权于柴桑”。东吴在群议是否降曹时，“议者咸曰：‘舍鞍马仗舟楫，与吴越争衡，本非中国所长’”（《三国志·周瑜传》）。东吴张昭在官渡之战前谏言：“中国方乱，以吴越之众，三江之固，足可观成败。”（《三国志·孙策传》）两晋以前的文献，常常以“吴”“越”“吴越”“吴粤”等词对举“中国”，用以表达彼此已然溢出地理范畴而延伸至社会、文化、心理领域的抗衡意识与深层的疏离情绪。这种现象，自两晋开始减少，唐宋之后，“吴越”与“中国”对举，往往仅表达地理关系。

② 如南朝沈约在《宋书·五行志》中论评三国吴的服饰时，尝言：“吴妇人之修容者，急束其发，而劚角过于耳，盖其俗自操束大急，而廉隅失中之谓也。故吴之风俗，相驱以急，言论弹射，以刻薄相尚。……孙休后，衣服之制：上长下短，又积领五六而裳居一二。……上饶奢下俭逼，上有余下不足之妖也。至孙皓，果奢暴恣情于上，而百姓凋困于下，卒以亡国，是其应也。”

③ 谢灵运（385—433），会稽始宁（今浙江绍兴嵊州）人，东晋名将谢玄之孙，山水诗宗。其诗工于声色辞藻，琢磨至极而更似自然，气格清远。谢灵运散怀好游，曾发明木屐一款以利登山，称“谢公屐”。

第二节　南北同爨:两汉至西晋的北人南迁

一、两汉至西晋吴越地区的人口状况

在机器工业与国际市场分工形成之前,区域发展主要由人口与土地所驱动,前者提供劳动力,后者则提供生产资料。农业拓荒时代,土地并不成为问题,人口几乎在很大程度上决定了经济发展的速度与高度,东西皆概莫能外。秦汉一统后,江浙地区渐次勃兴,不仅文化加速融入中原,经济亦凸显后发优势,其动因即在于江浙人口的持续增长。从西汉平帝元始二年(公元 2 年)至东汉顺帝永和五年(公元 140 年),约 140 年时间,江南户数增加 871 837 户,人口增加 3 303 487 口。同期全国总户口数,由于两汉之交的战争动荡,以及东汉时期异常频发的天灾,而处于净减状态。一增一减,江南地区人口占全国人口的比值也从西汉年间的 8%,陡升至东汉时的 17%(见表 3-1)。

表 3-1　两汉时期江南地区与全国人口变化对照表[①]

人口情况	西汉(公元 2 年)		东汉(公元 140 年)	
	全国	江南	全国	江南
户数(户)	12 366 470	1 020 102	9 280 729	1 891 939
口数(口)	57 671 401	4 861 421	47 892 713	8 164 908

① 相关数据来源于《汉书·地理志》《后汉书·郡国志》。"江南地区"包括丹阳、庐江、九江、六安、吴郡、会稽、豫章、长沙、武陵、桂阳、零陵、江夏、南郡。浙江地区主要为吴郡、会稽与丹阳等地。

显而易见，自汉代起，全国人口重心已出现从黄河流域向江淮及以南地区转移的趋势。这种趋势在东汉之后实际依然延续，甚至在三国中后期，江南地区的人口占比一度达到惊人的34%。①

二、人口变化的历史溯因

江南人口爆发的原因很复杂，除地理气候等自然因素外②，社会环境的改善至关重要。总体而言，两晋之前的江南地区政局相对稳定，西汉初年七国之乱后，江南多数时间只是有限地被卷入中原动荡，战争损耗相对较少。西晋初期，中原因长期战乱，人力折损过半，然而浙江地区的人口较东汉时变化不大(见表3-2)。

浙江人口的持稳，固不能仅靠自然增长对冲战争损耗，四方徙入是另一至关重要的支撑力量。在汉武帝时期，浙江渐成士民流移的终点。起初，迁徙往往由中央政府引导，旨在安置难民。建元三年(公元前138年)，晋武帝徙东瓯国于江淮，会稽是必经之路。③ 元狩四年(公元前119年)，"有司言关东贫民徙陇西、北地、西河、上郡、会稽，凡七十二万五千口"(《汉书·武帝纪》)。④ 又山东数年被灾，武帝诏令，"江南火耕水耨，令饥民得流就食于江淮间，欲留，留处"(《史记·平准书》)，皆北人南迁之发轫。

---

① 参见黄今言：《秦汉江南经济述略》，江西人民出版社1999年版，第19页。

② 两汉之际，中国曾经历一次显著的寒冷期，大致到西晋初年才结束，致使北方农作物产量下降，例如原来盛产于河南南部的柑橘，广泛并长时间地出现只开花不结果的情况。而温暖丰水的江南地区，成为许多农作物转移种植，以及部分北民迁徙的新址。参见竺可桢：《中国近五千年来气候变迁的初步研究》，《考古学报》1972年第1期。

③ 见《史记·东越列传》："建元三年，闽越发兵围东瓯，东瓯食尽，困且降，乃使人告急天子。天子……遂发兵浮海救东瓯。未至，闽越引兵而去。东瓯请举国徙中国，乃悉举众来处江淮之间。"东瓯国，今台州、温州一带，彼时为东越少数族裔。其地虽名义上属会稽，然"自秦时弃不属"(《史记·严助列传》)，非可居为会稽人。

④ 清代王鸣盛评此事有言："会稽生齿之繁当始于此，约增十四万五千口也。"参见王鸣盛：《十七史商榷》，中华书局2010年版，第92页。

表 3-2　东汉至西晋时期浙江地区户口数变化表①

户口情况	东汉(公元 140 年)			西晋(公元 280 年)					
	吴郡	会稽	丹阳	吴郡	吴兴	会稽	东阳	新安	临海
户数(户)	* 75 768	* 114 298	* 17 065	25 000	24 000	30 000	12 000	5 000	18 000
合计	* 207 131			114 000					
口数(口)	* 323 438	* 446 825	* 78 818	—					
合计	* 849 081②			* 约 68 万—75 万③					
全国同期									
户数(户)	9 280 729			2 459 840					
口数(口)	47 892 713			16 163 863					
户口比	1∶5			1∶6.6					

注：* 表示据史料数据推算而得。

至东汉，中原士民向会稽、吴郡的自发性徙入日益显著④，尤其是汉末黄巾起义后，出现“徐方士民多避难扬土”(《三国志·吴书·张昭传》)、“中州士人避乱而南”(《三国志·吴书·全琮传》)的流移风潮，江南生养立命

① 西晋太康元年(公元 280 年)的数据来源于《晋书·地理志》。

② 今浙江地区在东汉时位于会稽、吴郡与丹阳三郡。据《后汉书·郡国志》：吴郡下辖十三城中，定属今浙江者六；会稽十四城，定属者十三；丹阳十六城，定属者二。假设人口密度分布均匀，则可按照定属比例推算今浙江地区在东汉时的户口数。参见袁延胜：《东汉人口问题研究》，郑州大学博士论文，2003 年。

③ 据《晋书·地理志》，太康元年全国平均户口比为 1∶6.6。推算出浙江地区的口数大致为：11.4(万户)×6.6≈75(万口)。浙江地区户口比较全国同期稍低，故假设户口比为 1∶6，则其口数为：11.4(万户)×6≈68(万口)。事实上，这一数据记载问题明显。《隋书·地理志》载太康二年全国户数为“二百六十余万”；《三国志·魏书·陈群传》引《晋太康三年地记》：“晋户有三百七十七万。”短短两年，户数增加如此之多，只能说明由于种种原因，太康元年的数据存在比较严重的漏记。参见王育民：《西晋人口蠡测》，《中国史研究》1995 第 2 期。故太康元年浙江地区人口实际应不会低于 75 万，与东汉持平甚至更高。而西晋人口峰值约为 3 700 万，仍未恢复至东汉顺帝时水平。参见袁祖亮、尚新丽：《三国西晋人口初探》，《郑州大学学报(哲学社会科学版)》1997 年第 4 期。

④ 《后汉书·循吏列传·任延》载：“更始元年(公元 23 年)，以延为大司马属，拜会稽都尉。……时天下新定，道路未通，避乱江南者皆未还中土，会稽颇称多士。”

的条件暂优于中原,似乎已有共识。[①] 此后,曹魏政权三番五次强制内徙,将国境缘边之民纷纷迁往邺城、洛阳等中枢地区,以充补战争透支的民力。仅建安十八年(公元 213 年)曹操的一道内迁令,便使"江淮间十余万众,皆惊走吴"(《三国志·魏书·蒋济传》)。[②] 这也受到部分北民的自发排抵,进一步强化其南渡意愿。

第三节　农耕为本:浙人的新生活方式与产业初成

一、北人南迁与吴越农耕生活方式的确立

持续的北人南迁,对浙江的发展产生了根本性的影响,人口增加刺激了粮食需求。自西汉开始,中原的牛犁耕技术被引入江浙地区(见图 3-1),并逐渐得到推广普及,这使得开荒、播种与整田的效率大增。与农耕技术相辅相成的农具制造工艺同样日新月异,铁制农具全面取代了青铜农具。[③] 同时,大型陂塘蓄水工程在浙江尤为盛行,堪称江南之最,今绍兴鉴

---

① 鲁肃举族南渡时曾言:"中国失纲,寇贼横暴,淮泗间非遗种之地。吾闻江东沃野千里,民富兵强,可以避害,宁肯相随至乐土,以观时变。"(《三国志·吴书·鲁肃传》)

② 《三国志·吴书·吴主传》载:"曹公攻濡须,权与相拒月余,曹公望权军,叹其齐肃,乃退。初,曹公恐江滨郡县为权所略,征令内移。民转相惊,自庐江、九江、蕲春、广陵户十余万皆东渡江。"

③ 农铁并举,堪称古代农业发展的自觉之举。"铁器者,农夫之死士也。死士用则仇雠灭,仇雠灭则田野辟而五谷熟。"(《盐铁论·卷一》)浙江两汉铁制农具时有出土,如 1983—1984 年杭州萧山县汉墓发掘出土铁锸 4 件、铁锯 1 件(参见浙江省文物考古研究所:《杭州地区汉、六朝墓发掘简报》,《东南文化》,1989 年第 2 期);2010 年 11 月在杭州市江干区横塘村出土汉代铁质农具共 24 件,其中镬 23 件,锸 1 件。

湖、余杭南湖皆为彼时的潴水遗产。[①] 这既显示了该地农业灌溉技术的发展，又可从中窥见当时江浙田亩的繁茂景象。总之，到东汉时期，吴郡、会稽地区的粮食单产与总量较黄河流域传统农耕中心已不遑多让。一个显著的证明是，东汉永初元年（公元107年）九月，“调扬州五郡租米，赡给东郡、济阴、陈留、梁国、下邳、山阳”（《后汉书·安帝纪》），这是吴郡最早的主粮北援记录。又永初七年（公元113年）九月，“调零陵、桂阳、丹阳、豫章、会稽租米，赈给南阳、广陵、下邳、彭城、山阳、庐江、九江饥民”（《后汉书·安帝纪》），这是会稽最早的主粮北援记录。这充分说明，吴越已成为帝国新拓的重农区，产粮不仅能够自足结余，而且还能支持北调用度。

图3-1 西汉陶牛（衢州市博物馆藏）

二、吴越产业网络的初步构建与发展水平

粮食富产带动以农耕为核心的产业网络逐步完备。近者如粮食加工业，两汉后，臼、碓等新式舂米工具已投入使用，稻米产量提高，品质更加优

① “顺帝永和五年，马臻为会稽太守，始立镜湖。筑塘周回三百十里，灌田九千余顷，至今人获其利”（杜佑：《通典》，中华书局1988年版，第36页）；又，“后汉熹平中，陈浑宰是邑（引者注：指余杭），始筑南北西湖潴水以杀其怒。……在余杭为千余顷之利，惠及旁郡者，又倍蓰焉”（曾枣庄、刘琳：《全宋文》第一百九十册，上海辞书出版社2006年版，第229页）。

良，亦使其特别适宜酿酒，所酿之酒堪称天下上品[①]。家禽养殖业与渔业本是会稽所长，勾践时便已作为利国的重要产业受到重视[②]，此时借助水利的兴盛，已不再仅用于战备，而是深入寻常百姓家。

犁耕械具用材与工艺的精进，同时推动了伐木效率的提高。夷林为地固然是其一用，而会稽林木得天独厚的条件，使得斫木拓田的过程同时成为林业经济的起点。会稽湿润多水，盛产杉、竹、梓等吸水性、防湿性与耐腐性更佳的木料[③]，这些木材在当时尤其适合制棺，求者纷纭，甚至一时"京师贵戚，必欲江南檽、梓、豫、章、楩、楠；边远下士，亦竞相效仿"[④]。杉、松、柏、榆宜制船劈航，檀、栎、楝、楸宜用于家具园艺；桑吐丝锦之华，桐奏瑶琴之乐；楮生纸而梓成雕版。从木料品种亦可窥见后世浙江经济文化发展的特长。

输粮、转运、迁流的频繁，又印证吴越交通的繁荣。自东汉起，会稽已打通至交趾（今越南北部红河流域）的海路，成为连接北地与交趾的海

① 三国曹魏如淳注《汉书》言汉制："律：稻米一斗得酒一斗，为上尊；稷米一斗得酒一斗，为中尊；粟一斗得酒一斗，为下尊。"（《汉书・平当传》）两汉礼制中，稻米酒为上品。西晋张协曾作《七命》曰："乃有荆南乌程，豫北竹叶，浮蚁星沸，飞华萍接，玄石尝其味，仪氏进其法，倾罍一朝，可以流湎千日，单醪投川，可使三军告捷。"（《晋书・张协传》）乌程（今浙江湖州）酒在汉晋时已名满天下，至唐时已成佳酿醉意的代称。如李贺《拂舞歌词》中有"樽有乌程酒，劝君千万寿"（李贺：《李贺歌诗笺注》，中华书局2021年版，第175页）；又，罗隐《乌程》中有"一瓶犹是乌程酒，须对霜风度泫然"（罗隐：《甲乙集》，浙江古籍出版社2011年版，第176页）。事实上，"乌程"这一地名亦以酒名得名，"秦有乌氏、程氏，各善造酒，合其姓为乌程"（《浙江通志・卷一百二》）。

② "勾践以畜鸡豕，将伐吴，以食士也。"（《越绝书・卷八》）又，范蠡谏勾践："臣窃见会稽之山有鱼池上下二处，水中有三江、四渎之流，九溪、六谷之广。上池宜于君王，下池宜于民臣。畜鱼三年，其利可以致千万，越国当富盈。"（《艺文类聚・卷九十六》）。

③ 关于会稽木植，谢灵运隐居始宁（今浙江上虞、嵊州一带）时曾有记录："其木则松柏檀栎，□□桐榆，檿柘榖楝，楸梓柽樗。刚柔性异，贞脆质殊，卑高沃塉，各随所如。"（《谢康乐集・山居赋》卷一，明万历沈启原刻本）。可知会稽盛产松、柏、檀、栎、桐、榆、桑（檿柘）、楮（榖）、楝、楸、梓、柳（柽）、椿（樗）等。

④ 王符：《潜夫论》，中华书局2018年版，第151页。

路枢纽。[①] 内陆交通的辐射范围显著扩大。江淮水网舟航溯洛，西至巴蜀[②]；陆路亦有直达洛阳乃至长安的大道[③]，接入豫章（今江西南昌）交通网后，从会稽出发即可实现向长江上游与南海郡（今广东番禺）的远涉[④]。

食货之珍已聚，五丁之道告竣，有无之通方兴。商业的发展，既是由农业领衔的产业网格经纬交织后的华彩，反过来又成为农艺百工的推毂。至东汉时，吴越殷富似已追及周边[⑤]，且民间购买力得到释放。《三国志》曾记载吴郡钱唐（今浙江杭州）富豪全琮“赍米数千斛到吴，有所市易。琮至，皆散用，空船而还”（《三国志・吴志・全琮传》）。除米粮鱼鲜，吴越瓷器的制作工艺也由陶制快速向瓷制过渡，出现了代表东汉烧瓷工艺巅峰的越州青瓷（见图 3-2），会稽则是其主产地，窑址遍布德清至永嘉，仅上虞一地便发掘出东汉窑址 40 余处。同时，从浙江、上海、江

---

① 建初八年（公元 83 年），会稽郑宏任大司农，“旧交趾七郡贡献转运，皆从东冶（引者注：汉属会稽郡，今福建福州）泛海而至，风波艰阻，沉溺相系。宏奏开零陵、桂阳峤道，自是夷通，遂为常路”（《后汉书・郑弘传》），可知过往中原与交趾的交通，赖海道而必经会稽。东汉末，北方士民避乱交趾，亦常用此道。初平年间（公元 190 年—193 年），天下大乱，桓晔“避地会稽，遂浮海客交趾”（《后汉书・桓荣传》）；又，“初平中，（袁闳）为沛国相，乘苇车到官，以清亮称。及天下大乱，忠（即袁闳）弃官客会稽上虞。……后孙策破会稽，忠等浮海南投交趾”（《续后汉书・袁闳传》）。

② 元狩二年（公元前 121 年），江南水患，朝廷将巴蜀之粟转运到江陵。元鼎六年（公元前 111 年），又将巴蜀之粟转运来救助江淮地区的饥民。参见《史记・平准书》。可知西汉时沟通四川与江南的长江水道已经畅通。东汉王符曾记载江南木料上输洛阳的水运路线：“入海乘淮，逆河溯洛。”（《后汉书・王符传》）

③ 《后汉书・王允传》：“护羌校尉杨瓒行左将军事，执金吾士孙瑞为南阳太守，并将兵出武关道，以讨袁术为名，实欲分路征卓（董卓）。”事应发生在初平元年（公元 190 年）前后，董卓尚居洛阳，袁术割据扬州。武关道起自长安，可知长安、洛阳可经大道直抵扬州境，接通吴越。

④ 东汉时，豫章为四方陆路要冲，主路凡五：至九江郡（今安徽寿县）、至南海郡（今广东番禺）、至会稽郡东冶（今福建福州）、至今长沙国（湖南醴陵）、至会稽郡太末（今浙江龙游）及其北东。参见刘良群：《论汉代江西经济的发展》，《江西社会科学》1994 年第 3 期。

⑤ 兴平二年（公元 195 年），孙策破扬州刺史刘繇，刘氏欲南奔会稽，许子将曰：“会稽富实，策之所贪，且穷在海隅，不可往也，不如豫章。”（《三国志・吴书・刘繇传》）言下之意是会稽富超豫章，可避孙策之攻。

苏、安徽一带的汉墓遗址出土瓷器分布来看，东汉时期随葬瓷品主要集中于盘、碗、耳杯、罐、钵等品类丰富的日用器，并且出现屋、仓、猪栏、羊舍、牛马等明器瓷塑，大不同于秦至西汉时期惯以鼎、盒、壶、瓿等仿铜礼器随葬的旧俗。[①] 这亦展现出两汉之际吴越商业繁荣，以及当时的世俗化生活浪潮。

图 3-2　东汉越窑青瓷弦纹罐(浙江省博物馆藏)

织品以吴越地区所取为最。吴越擅织，自有传统，早在春秋时，便有越王勾践组织织工生产黄丝以结好吴王夫差的故事。[②] 东汉初，会稽地区士绅已习惯穿着织工细密轻盈的“越布”，光武帝青睐其品质，遂令常贡朝廷。[③]

---

① 冯先铭:《中国陶瓷》,上海古籍出版社 2001 年版,第 232—236 页。

② 勾践“乃使国中男女入山采葛,以作黄丝之布,欲献之”。参见赵晔:《吴越春秋辑校汇考》,中华书局 2019 年版,第 126 页。

③ 《后汉书·独行列传·陆续传》:“陆续,字智初,会稽吴人也。世为族姓,祖父闳,字子春,建武中为尚书令。美姿貌,喜著越布单衣,光武见而好之,自是常敕会稽郡献越布。”可知当时吴越士绅有穿用越布的习惯。又,公元 75 年,东汉明帝崩,肃宗即位,“诸贵人当徙南宫,太后感析别之怀,各赐王赤绶,加安车驷马,白越(即“越布”)三千端,杂帛二千匹,黄金十斤”(《后汉书·皇后纪·明德马皇后》)。

会稽市所贩布帛，甚至有远销日本的记录。①

奇货丰饶也是吴市与会稽市的亮点。“江南出菜、梓、姜、桂、金、锡、连、丹沙、犀、玳瑁、珠玑、齿革”（《史记·货殖列传》），香料、花卉、贵金属、染料、牙皮制品、珠宝等奢侈品品类稠众。② 是时，吴越专以贾贩为业者颇多，常见一时俊杰生自商家的现象。③ 人口红利与商业的集群效应，直接推动了吴越地区城市建设的重大发展。自秦朝设置会稽郡后，两汉会稽郡辖县分治为吴与会稽二郡，经三国至于西晋，吴郡又分吴与吴兴二郡，会稽郡则分会稽、东阳、新安、临海四郡，由一郡发展为六郡，二十六县属发展至五十四县属，城市网络走向纵深，这是浙江地区经济发展速度的显著体现。（见表 3-3）。

概言之，端始于西汉的北人南迁浪潮，将一种决定性的力量注入了浙江地区的发展进程之中。这种力量显现为以农为本、以商为驱力的经济提速。器用之富、商通之盛，在潜移默化间，为浙学精神与浙江文化的独特涵养奠定了必要且坚实的物质基础。

---

① 《三国志·吴志·孙权传》：“黄龙二年（公元 230 年）春，遣将军卫温、诸葛直将甲士万人浮海求夷洲及亶洲。亶洲在海中，长老传言秦始皇帝遣方士徐福将童男童女数千人入海求蓬莱神山及仙药，止此洲不还，世相承有数万家。其上人民时有至会稽货布。会稽东县人海行，亦有遭风流移至亶洲者。”亶洲，疑为今日本。

② “朱仲者，会稽人也，常于会稽市上贩珠。汉高后时，下书募三寸珠，仲读购书，笑曰：‘直值汝矣。’赍三寸珠，诣阙上书，珠好过度，即赐五百金。鲁元公主后复私以七百金从仲求珠，仲献四寸珠，送至于阙。即去，下书会稽征聘，不知所在。景帝时复来献三寸珠数十枚。”（刘向：《列仙传》，中华书局 2007 年版，第 88 页）仙怪事迹虽缥缈，但从中亦可窥见吴越珠宝等奢侈品贸易的繁盛。

③ 如东汉哲学家王充的家族以商贾为业；又如东汉末年大将军朱俊，“少孤，母尝贩缯为业”（《后汉书·朱俊传》）。

表 3-3　西汉至西晋会稽郡辖县分治与增设对照表①

<table>
<tr><th></th><th>西汉</th><th>东汉初</th><th>东汉末</th><th>西晋</th></tr>
<tr><td>吴郡（汉）</td><td rowspan="6">吴、曲阿、乌伤、毗陵、余暨、阳羡、无锡、诸暨、山阴、丹徒、余姚、娄、上虞、海盐、剡、由拳、太末、乌程、句章、余杭、鄞、钱唐、鄮、富春、回浦、冶</td><td rowspan="2">吴、曲阿、毗陵、阳羡、无锡、丹徒、娄、海盐、由拳、乌程、余杭、钱唐、富春</td><td rowspan="2">—</td><td>吴、嘉兴、海盐、盐官、钱唐、富阳、桐庐、建德、寿昌、海虞、娄</td></tr>
<tr><td>吴兴郡（三国）</td><td>乌程、临安、余杭、武康、东迁、於潜、故鄣、安吉、原乡、长城</td></tr>
<tr><td>会稽郡（秦）</td><td rowspan="4">山阴、鄮、乌伤、诸暨、余暨、上虞、剡、余姚、太末、鄞、章安、句章、东冶、永宁、侯官</td><td rowspan="4">山阴、鄮、乌伤、诸暨、余暨、上虞、剡、余姚、太末、鄞、章安、句章、东冶、永宁、侯官、新安、丰安、吴宁、长山、遂昌、建安、汉兴、松阳、建平、定阳、南平</td><td>山阴、上虞、余姚、句章、鄞、鄮、始宁、剡、永兴、诸暨</td></tr>
<tr><td>东阳郡（三国）</td><td>长山、永康、乌伤、吴宁、太末、信安、丰安、定阳、遂昌</td></tr>
<tr><td>新安郡（三国）</td><td>始新、遂安、黝、歙、海宁、黎阳</td></tr>
<tr><td>临海郡（三国）</td><td>章安、临海、始丰、永宁、宁海、松阳、安固、横阳</td></tr>
</table>

第四节　"衣冠南渡"："重实"学风与浙人气质的塑造

一、自然、事功与德性：东晋吴越文化的自我定位

仓廪实而知礼节。北人南向的流移，带来中原先进农耕技术与农业生活方式，而内在于技艺与生活方式的农业文化与思维模式，也在南北双方的生活融合中，逐渐渗透进吴越人的精神世界。这种渗透，绝非吴越对中

① 数据来源于《汉书·地理志》《后汉书·郡国志》《晋书·地理志》。

原心灵趣向的机械复制与附和，而是双方由分处走向同爨时彼此观念与价值的内向熔焊，是一种当时难以察觉而后世可以明晰的精彩“窑变”。

吴越人接受中原农耕经济后，更易接受齐鲁教化。吴越人原本率性直真，质胜于文，难就羁束，流俗不佳，即如《后汉书》所称的“丹阳越俗不好学，嫁娶礼仪，衰于中国”（《后汉书·李忠传》）。又因地理复杂，结伙劫盗之徒屡屡出没。秦汉以降，良吏为改善吴越流风所开展的劝督农桑等移风易俗之举，便从无止息，乃至有因“会稽俗多淫祀，好卜筮，民常以牛祭神”的鬼信风俗而令行禁止，“有妄屠牛者，吏辄行罚”（《后汉书·第五钟离宋寒列传》），由此可见施行教化的具体入微。逮至西晋，吴越习尚已大有改观，从而萌发了文化自我定位的内在冲动。东吴陆逊之孙陆云，曾梳理吴越文脉：“国士之邦，实锺俊哲。太伯清风，遁世立德。龙蜿东岳，三让天下。垂化迈迹，百代所晞。高踪越于先民，盛德称乎在昔。续及延陵，继向驰声。沉沦漂流，优游上国。听音察微，智越众俊。通幽畅遐，明同圣哲。言偃昭烈于孔堂，员武迈功于诸侯。自秀伟相承，明德继踵，亦为不少。吴国初祚，雄俊尤盛。今日虽衰，未皆下华夏也。”[①]

开设吴越地区的文化“道统”，兴起于吴越俊士的自觉意识。这种“道统”大致具备三个层面：其一，吴越与齐鲁文化一贯，“太伯—季札—言偃”可称巽隅儒风，至今不下于华夏；其二，事功不外于德性而为其衍，功德相承，故伍子胥位列其中；其三，德立功迈，源于心性反朴而优游畅遐，故建树事功正本自无事归真。此三个层面，大抵筑起“自然—事功—德性”的三标向价值矩阵。一方面，三者浑然一体，遂能定心而明己；另一方面，随世异时移又各有偏重。后世浙学精神与浙江文化的演进，皆不出此三者所构成的张力网域，唯三者内在逻辑关系的陈布与彼此价值先后的列序，历代有别。

---

① 陆云：《陆士龙文集校注》，凤凰出版社2010年版，第1266页。

二、“名教”与“自然”之争：魏晋玄学问题意识的现实影射

浙学传统与浙江文化的首次定位旋即到来。公元317年，西晋灭亡，司马睿在建康称帝，中国历史进入了南北对峙的东晋十六国时期。出于对北方新生政权统治的不适应，大量中原汉人南迁，且人数众多的中原士族与知识精英也规模化地参与其中，这是前所未有的。此次南迁的影响，人口、百工等外缘性输入尚居次席，首要的是中原文化的时代性问题意识，借由知识精英的涌入而全面南植，成就了历史上著名的“衣冠南渡”。而吴越一夜之间竟成京枢，南北士族精英云集。因此，一方面是浙江区域文化的时代定位，直接映射出中国文化演进的主流；另一方面是中国文化在当时的运思，尤其深刻地烙印于浙江文化的谏往追来当中。

中原的思想时尚已迈入魏晋玄学阶段，文化运思聚焦于“名教”与“自然”的关系问题。这一问题焦点，投射出时人在“干世进取”与“本真保全”之间游弋不定的精神矛盾，而制度的缺陷是其重要诱因。隋唐科举以前，无论东汉的征辟察举还是三国后的九品中正，遴选机制均基于乡闾清议而用“举荐”。清议的判断标准是一整套静态的儒家道德陈规与行为规范，称作“名教”。学者若志在干世，须附和清议的口味，为获得风评嘉许而奔竞。然而，“古之学者为己，今之学者为人”(《论语·宪问》)，当“名教”成为连接“学”与“仕”的中介时，难免导致世人普遍性的心灵焦灼：意欲干世，必求于名教；而追逐名教，又易消解学以为己的自然直诚。一旦名重于生死，“汝今得与李、杜齐名，死亦何恨”(《后汉书·党锢列传》)成为共同体默认的潜意识，则孔子“名正”观所欲追认的道德律令的内在自觉，便异化为博取瞩目的外在干禄的工具，从而不必言德性自律，各种欺世盗名、矫情伪善便纷

纷登场[①]，更进一步异变出“富者乘其材力，贵者阻其势要，以钱多为贤，以刚强为上”（《潜夫论·考绩》），“权门贵仕，请谒繁兴”（《后汉书·左周黄列传》），始于尚贤却终于士族门阀的延揽私人与谋取私利。

三、真我与写实：吴越玄风“自然”观念的新气象

“名教”的目标无疑是“事功”，就此而言，魏晋“名教”与“自然”之争，实际又是“事功”与“自然”之争。文化精英正在尝试解答“为了追求事功而损害甚至放弃真我，这是否可被接受”这一问题。如果说，历史尚容许生活在三国中后期的王弼语势温和地提示“名教出于自然”，试图通过建构“自然”与“名教”之间的因果关联，既在一定程度上肯定“名教”的合法性，又警惕当下“名教”的非自然性；那么到了嵇康之时，则二者已势同水火，唯唱“越名教而任自然”了。

魏晋风骨是一种挽回个体内在道德同一性的思想冲动与文化诉求。而追索内在道德同一性的过程，又伴随着“个体性”的历史重构。玄学延宕至东晋，“事功”与“自然”的对立固然已不似嵇康那般尖锐，然而从王弼发展至竹林七贤，认为“自然”较“事功”更为本然的价值趋向，非但未褪色，反因援吴越山水民情之陶洗而持续发酵。

这种趋向，集中体现在两个方面。

第一，在善守个体朴性真情的前提下兑现“自然”与“事功”的平衡，也即“真实的自处”。东晋时风引领者谢安的故事，颇能诠释这一点：

---

① 此类名实相悖的现象，《后汉书》中多有记录。如黄允“以俊才知名。司徒袁隗欲为从女求姻，见允而叹曰：‘得婿如是足矣。’允闻而黜遣其妻夏侯氏。妇谓姑曰：‘今当见弃，方与黄氏长辞，乞一会亲属，以展离诀之情。’于是大集宾客三百余人，妇中坐，攘袂数允隐匿秽恶十五事，言毕，登车而去。允以此废于时”（《后汉书·郭太传》）。又有：“民有赵宣葬亲而不闭埏隧，因居其中，行服二十余年，乡邑称孝，州郡数礼请之。郡内以荐（陈）蕃，蕃与相见，问及妻子，而宣五子皆服中所生。蕃大怒曰：‘圣人制礼，贤者俯就，不肖企及。且祭不欲数，以其易黩故也。况乃寝宿冢藏，而孕育其中，诳时惑众，诬污鬼神乎？’遂致其罪。”（《后汉书·陈蕃传》）

寓居会稽，与王羲之及高阳许询、桑门支遁游处，出则渔弋山水，入则言咏属文，无处世意。扬州刺史庾冰以安有重名，必欲致之，累下郡县敦逼，不得已赴召，月余告归。……吏部尚书范汪举安为吏部郎，安以书距绝之。有司奏安被召，历年不至，禁锢终身，遂栖迟东土。……既累辟不就，简文帝时为相，曰："安石既与人同乐，必不得不与人同忧，召之必至。"时安弟万为西中郎将，总藩任之重。安虽处衡门，其名犹出万之右，自然有公辅之望，处家常以仪范训子弟。安妻，刘惔妹也，既见家门富贵，而安独静退，乃谓曰："丈夫不如此也？"安掩鼻曰："恐不免耳。"及万黜废，安始有仕进志，时年已四十余矣。(《晋书·谢安传》)

需注意，谢安性情的流露存在两面。恣意山水竟四十不仕，固然是其率性直接，但与之形影者，又不免仍有仕志公辅的期许存心。东晋俊士渐渐脱落西晋"自然"诉求的某种自我逼仄。竹林放讴，必欲卑"名教"以高"自然"，但一高一卑本身，亦有蹈入伪设而未必自然的嫌疑。竹林于"高"上得自然而于"卑"上失自然。如"自然"真为根本，则出入"名教"亦是"自然"，欲仕则仕，欲隐则隐，自处之真，不在于固执仕与隐的任何一端，而在于务求事功与归本自然之间相互涵摄的始终自在与从容。与谢安类似，王羲之在回复扬州刺史殷浩的出仕邀请时答道："吾素无廊庙之宜。王丞相时欲内吾。吾誓不许。手迹犹存。非于足下参政而方进退也。若蒙驱使陇蜀。所不敢辞。所以然者。吾虽无专对之能。直谨守时命。以宣国家威德。"①

居闲与任事，皆依"为己"与"为国"的时需不同，彼此转换略无犹疑。此种轻灵的气象，难见于阮、嵇。因之"名教"的诸多道德仪范，在王、谢之

① 李贽：《藏书》，中华书局1959年版，第775页。

时，已充分内化自明，时人并不认其为自由个体之舒展的龃龉。

第二，吴越山水为时人提供了纾解自我朴性真情的极好环境，得“真实的自处”的便利，游弋林泽的畅爽又延伸为“真实的待物”，以摹物的精确度来反衬自心自性的恬淡不惊，成为席卷浙江的审美意趣，谢灵运是其开宗。南朝时期，“宋初文咏，体有因革，庄老告退，而山水方滋”[①]。南朝延续东晋，山水入诗，陶谢并举。但与陶诗一贯“写意”的传统笔法迥异，谢灵运诗“尚巧似，而逸荡过之”[②]，“情必极貌以写物”[③]，破玄风寡淡，还原景物本有的声色之丽，故可称特重“写实”。

四、浙学“重实”的学风定向与品性养成

无论“真实的自处”抑或“真实的待物”，均是“自然”在不同领域中的各自表达。所谓“自然”，内则溯求自我的实意，自诚而明；外则顺求万物的实情，自明而诚。溯顺之间，一则脱不开以个体为价值之本，再则亦不外乎“务实”二字。史家常论魏晋尚清谈，重玄言而轻实业，此言固偏颇。既然以“复得返自然”为志的魏晋玄风，抟摇于国家个体与道德个体的内在分裂之间，那么它便已然超越了预设此两者为同一的先秦儒家与两汉经学，“个体”便由传统之“人”，觅向更深处的“己”。对于尚未脱离宗法气氛的先秦族群而言，“个体”首先是“人”，然后乃有“己”，“人”是“己”的注脚；然而对于宗法桎梏早已瓦解的魏晋人而言，“个体”首先应是“己”，由“己”方能言“人”。玄谈清议里的人物品评，就是此逻辑的体现。所以，对魏晋人来说，生活中首要的真实，乃是求得自然之“己”，而非寻章摘句间谋求那些缺乏自我触感的“人”，如若这一首要的真实不能澄清，所谓“事功”，怕只不过是

① 周振甫：《文心雕龙今译》，中华书局1986年版，第65页。

② 钟嵘：《诗品》，中华书局2019年版，第67页。

③ 周振甫：《文心雕龙今译》，中华书局1986年版，第65页。

自己为物为他人所役使，而无从实现主体性的自我确立了。

所以，东晋“衣冠南渡”后的浙学思想与浙江文化，其实是在“自然”与“事功”的相互争抗、调适与会通中，完成了历史上第一次“个体性”建构。这种“个体性”，将“自然”作为元价值，以托付个体对“己”的回溯与对“人”的反思，并在顺成“自我”的过程中，演化出根深蒂固的务实趣向；而“自然”与“事功”间的从容切换，也滋养着一种“内敛而果敢”的地域气质。如果我们把视野拓展到整个思想史，那么魏晋时期浙江的第一次文化定位及其文化性格的初步养成，其结果并非缺乏前因后果的昙花一现。如前所述，东汉王充已透露出“重实”的强烈倾向；逮至南宋永嘉之学兴起，则浙人的务实精神与果决担当，已在“道即现实”与还原“物知”的理论细节中彰显得特色鲜明。

第四章
宋以降浙学传统的成型

第一节　浙学的成型:两宋浙东学派的兴起与影响

历经东晋“衣冠南渡”后的浙学思想,在“自然”与“事功”的相互争抗、调适与会通过程中,已经完成了第一次“个体性”建构,滋养出一种“内敛而果敢”的地域气质。在唐末,安史之乱的突然爆发,导致了历史上第二次人口大规模的南迁,江浙一带接受北方移民最多,移民带来了更多的北方的文化思想、农耕与手工技术等,为浙学思想和浙人气质的进一步重构提供了新的资源。而发生在北宋末年的第三次人口大规模的南迁——“靖康南渡”,最终使浙学思想走向成型,在学术思想层面上,典型表现为浙东事功学派的出现,终于形成了浙学“义利并举”的务实学风。浙东事功学派与南宋商业经济社会的成长相得益彰,互为助力,一时引领时代之先。

一、道南学脉:理学南渡

仅从学术思想层面上来说,“靖康南渡”导致了理学的南渡,理学南渡一方面使得理学的中心南移,另一方面促进了浙东事功学派的出现。

北宋时期，儒学复兴，思想家辈出，一时蔚为大观。在此时期，相继形成了洛学、关学、蜀学等主要思想流派，其中尤以二程兄弟的洛学向南传播为甚。杨时在二程处学成南归福建时，程颢送之曰："吾道南矣。"[①]杨时南传洛学，一时成为理学之佳话。在黄百家看来，北宋二程之洛学南传，除杨时一支外，还有另外一支。"伊洛之学，东南之士，龟山、定夫之外，惟许景衡、周行己亲见伊川，得其传以归。"[②]许景衡、周行己等可谓是浙学的先导。[③]

事实上，这种中原文化南传的趋势并非止于学派的自然流传，随着政治中心的南移，南传的洪流更加明显。北宋王朝在北方游牧民族的不断侵扰下，终于走到了历史的尽头。"靖康之耻"之后，以赵构为主的部分宋代皇室成员被迫南迁，汴梁的三万富户随迁至临安。这次中原文明的大举南迁规模之大，超过以往各次。原籍北方的一些名门望族、学者文人亦纷纷迁徙到浙江一带，如孔门一支衍圣公孔端友率族人奉孔子夫妇木刻像迁至衢州、中原文献名家吕好问率族人迁居婺州等。政治中心的南移，也导致了文化中心的南移。据统计，在《宋元学案》中，共著录南宋学案 56 个（包括庆元学案），其中单列的浙东学案居然达 18 个。南宋共有 17 个路级行政区域，而两浙路单列的学案数居然占到了总数的近三分之一，可见浙东成了南宋时期首屈一指的学术重镇。[④]

---

① 杨时：《杨时集》，中华书局 2018 年版，第 1108 页。

② 黄宗羲：《宋元学案》，浙江古籍出版社 2012 年版，第 1280 页。

③ 按照另一说法，南宋时洛学南传共有三支：由杨时开启、朱子集大成的"道南学派"，由谢良佐开启、胡宏父子弘扬的"湖湘学派"和由周行己开启、以叶适为代表的"永嘉学派"。真德秀曰："二程之学，龟山（杨时）得之而南传之豫章罗氏（罗从彦），罗氏传之延平李氏（李侗），李氏传之考亭朱氏（朱子），此一派也。上蔡（谢良佐）传之武夷胡氏（胡安国），胡氏传其子五峰（胡宏），五峰传之南轩张氏（张栻），此又一派也。若周恭叔（周行己）、刘元承得之为永嘉之学，其源亦同自出。"参见真德秀：《西山读书记》卷三十一，文渊阁《四库全书》本。

④ 李建军：《宋代浙东文派研究》，中华书局 2013 年版，第 7 页。

以朱子理学为例，朱子理学在浙东代有传人，如陈埴、杜煜、何基、王柏、金履祥、许谦、黄震、史蒙卿等。而陆九渊的心学在浙东的传承也不乏其人，重要传人有"甬上四先生"，即杨简、袁燮、舒璘和沈焕。

大致说来，南宋时期浙东学派主要有两个分支，一个是永嘉学派，一个是金华学派。永嘉学派在前，清代学人孙诒让曰：

> 宋元丰间作兴学校，吾温蒋太学元中、沈彬老躬行、刘左史安节、刘给谏安上、戴教授述、赵学正霄、张学录辉、周博士行己及横塘许忠简公景衡同游太学，以经明行修知名当世。自蒋、赵、张三先生外，皆学于程门，得其传以归，教授乡里，永嘉诸儒所谓九先生者也。[①]

按照孙诒让所言，永嘉"九先生"中有六位都是"学于程门"的：沈躬行、刘安节、刘安上、戴述、周行己、许景衡。其实，除了这六人，据《宋元学案》考，还有鲍若雨、潘闵、陈经正和陈经邦等永嘉学者亦"从程氏游"。故全祖望曰："永嘉自九先生而后，伊川之学统在焉。其人才极盛。"[②]又有宋末之士楼钥曰：

> 伊洛之学，东南之士自龟山杨公时、建安游公酢之外，惟永嘉许公景衡、周公行己数公，亲见伊川先生，得其传以归。中兴以来，言理性之学者宗永嘉。[③]

可见，永嘉之学是程学之南传并非虚言。因此，甚至有些学者直言浙

① 祝尚书：《宋集序跋汇编》，中华书局2010年版，第991页。
② 黄宗羲：《宋元学案》，浙江古籍出版社2012年版，第1902页。
③ 楼钥：《楼钥集》，浙江古籍出版社2010年版，第1759页。

东学派的真正领袖其实就是程颐。[①] 永嘉之学后经郑伯熊和薛季宣中兴，再至陈傅良和叶适而有其学之盛。

而金华学派则出现了三个重要人物：吕祖谦、唐仲友和陈亮。杨维桢曰：

> 余闻婺学在宋有三氏：东莱氏以性学绍道统，说斋氏以经世立治术，龙川氏以皇帝王霸之略志事功。[②]

金华学派的学者虽鲜有直接从学于程门之记载，然上溯其源，亦渊自程学。以吕祖谦之学为明显，王崇炳曰：

> 婺州之学，至何、王、金、许而盛，而东莱吕成公首浚其源。盖自其祖正献公与涑水司马公同朝往来，于河南二程间最契，荥阳公则受业二程之门。至于南渡，北方之学散，而吕氏一家独得中原文献之传。[③]

其中所说的正献公就是吕公著。吕公著曾从学于二程，是吕祖谦之祖。从永嘉学派和金华学派的思想渊源来看，“浙学”确是理学南传的结果。董平先生指出，“到南宋时代，尽管现实的政治格局发生了剧变，现实的急迫事务亦因此而发生根本转移，但理学运动仍基本上保持了它原先的运行轨道”[④]。

---

① 参见何炳松：《浙东学派溯源》，广西师范大学出版社2004年版，第145页。

② 杨维桢：《杨维桢集》，浙江古籍出版社2017年版，第782页。

③ 吕祖谦：《东莱吕太史集》，浙江古籍出版社2017年版，第910页。

④ 董平：《浙学、浙东学术、浙东学派与浙江人精神》，浙江省社会科学界联合会编：《浙东学派与浙江精神》，浙江古籍出版社2006年版，第3页。

综上可知，理学南渡之后，在浙江最终形成“浙学”，而“浙学”虽内在渊源于北宋理学，却在发展过程中体现出了自身显著而独特的理论特征。

二、永嘉学派：义利并举与制度研究传统

永嘉学派虽自洛学而来，却与理学迥然异趣。理学重性理之学，而永嘉学派则重经制之学。经制之学，即能够经世致用的典制之学，其内容关涉国计民生的各个具体领域。永嘉学派的出现和形成，有其深厚的军事、经济、政治和思想根基。简略说来，南宋因北宋军事上的失败而偏安一隅。南宋建立后，亦不断受到金兵侵扰，此必激发一批士大夫的爱国壮志，使他们舍弃心性修养之学，而转向能够强大国家、收复山河的具体经制之学。在经济方面，永嘉（今温州）所在的两浙路是宋代经济最发达的地区之一，商业经济的高度发展必然促使两浙学人思想的转变。而在学术思想渊源方面，永嘉学人大都出经入史，长于从历史的盛衰、典制的演变中因革损益，寻找当下社会的出路，而理学则相对固守经学，不肯向现实事功靠拢。我们可以从永嘉学人在学脉传承和理论主张中清楚地看到他们所进行的学理转向的努力。

周行己（1067—1125，字恭叔，号浮沚先生），一般被看作是永嘉学派的创始人。[①] 他在学宗洛学之时，就已经与洛学旨趣相异。叶适曰：

> 昔周恭叔首闻程、吕氏微言，始放新经，黜旧疏，挈其俦伦，退而自求，视千载之已绝，俨然如醉忽醒，梦方觉也。颇益衰歇，而郑景望出，明见天理，神畅气怡，笃信固守，言与行应，而后知今人

① 亦有学者认为王开祖才是永嘉学派的开创者。参考周梦江：《永嘉学术开创者的王开祖——宋代浙学通论之一》，《杭州师范大学学报（社会科学版）》1990年第2期。

> 之心可即于古人之心矣。故永嘉之学，必兢省以御物欲者，周作于前而郑承于后也。[①]

可见，周行己在学于洛学之时便有个人的体会，其首闻程、吕之言后，“退而自求”，而有“醉忽醒”之觉悟。周氏所觉悟者何事？从其著述中可以看出，他在货币学领域有相当深刻的认识（后文将详述之），表明他已不固守洛学的性理之学。周行己“作于前”，从而开启了永嘉学人在异于理学的理论范围内进行探索的历程。其私淑弟子郑伯熊（1124—1181，字景望，人称“敷文先生”，永嘉人）则“承于后”，继续思考和探索，进一步使永嘉之学向事功方向转变。在早期，郑伯熊侧重点亦是“必兢省以御物欲者”的性理之学；后来，有感于此性理之学无救于时局（南宋战败和偏安），且深受薛季宣的影响，始转向经制之学。郑伯熊精通经史，对古代经制有深入的研究，其言经制注意“以通时变”。郑伯熊曾深研古代刑罚制度，著有《象以典刑流宥五刑》《四罪而天下咸服》《五刑有服》《吕刑》等。

后传至薛季宣（1134—1173，字士龙，号艮斋，南宋永嘉人）。《四库全书总目》评曰：

> 朱子喜谈心性，而季宣则兼重事功，所见微异。其后陈傅良、叶适等递相祖述，而永嘉之学遂别为一派。[②]

可见，虽然薛季宣与朱子“所见微异”，但这已经标志了其学术走向的分野。其学广博，不拘前学，故不再以性理之学为中心：

---

① 叶适：《叶适集》，中华书局2010年版，第178页。

② 《四库全书总目》，中华书局1965年版，第1379页。

季宣学问最为淹雅，自《六经》、诸史、天官、地理、兵农、乐律、乡遂、司马之法，以至于隐书小说、名物象数之细，靡不搜采研贯。故其持论明晰，考古详核，不必依傍儒先余绪，而立说精确，卓然自成一家。①

可以看出，薛季宣的关注重心已经从性理之学向事功之学转变，初步奠定了永嘉学派的学术旨趣。全祖望亦曰："永嘉之学统远矣！其以程门袁氏之传为别派者，自艮斋薛文宪公始。艮斋之父，学于武夷，而艮斋又自成一家，亦人门之盛也。其学主礼乐制度，以求见之事功，然观艮斋以参前倚衡言持敬，则大本未尝不整然。"②这可谓对薛季宣学术主旨最为全面的评论。薛季宣兼治"事功"与"礼乐制度"，已然是程学之"别派"了，自此开启了永嘉学派的治学新路向。叶适在总结永嘉之学时，曾将永嘉之学的发展划分为两个阶段：一是从周行己到郑伯熊的"必兢省以御物欲"阶段，二是从薛季宣到陈傅良的"必弥纶以通世变者"阶段。③"必兢省以御物欲"阶段即儒家所说的"内圣"，而"必弥纶以通世变者"阶段为"外王"。因此，也难怪有学者把薛季宣看作"永嘉学者中最富有转折意义的人"④。

永嘉之学薪火相传，至陈傅良（1137—1203，字君举，号止斋，南宋永嘉人）的出现，标志着永嘉之学的理论建构基本完成。叶适曰："永嘉之学，必弥纶以通世变者，薛经其始而陈纬其终也。"⑤"必弥纶以通世变"可谓永嘉学派最显著的学术宗旨。在叶适看来，薛季宣是"必弥纶以通世变"的事功之学的重要开创者，而陈傅良则是一个重要的传承者和完成者。《宋史·陈

① 《四库全书总目》，中华书局1965年版，第1379页。
② 黄宗羲：《宋元学案》，浙江古籍出版社2012年版，第37页。
③ 叶适：《叶适集》，中华书局2010年版，第178页。
④ 陆敏珍：《宋代永嘉学派的建构》，浙江大学出版社2013年版，第120、199页。
⑤ 叶适：《叶适集》，中华书局2010年版，第178页。

傅良传》曰："永嘉郑伯熊、薛季宣皆以学行闻，而伯熊于古人经制治法讨论尤精，傅良皆师事之。"陈傅良先是师从郑伯熊，后郑伯熊服膺薛季宣的事功之学，遂介绍陈傅良从学于薛季宣。陈傅良遂以事功之学为志："所贵于儒者，谓其能通世务，以其所学，见之事功。"[①]陈傅良对经制之学的关注极为广泛，"自三代、秦、汉以下靡不研究，一事一物必稽于极而后已"(《宋史·陈傅良传》)。他的研究几乎完全囊括了经制之学的所有方面。其后，经陈傅良和叶适等人的进一步强化，最终成就了事功学派的盛况。

叶适对心性之学的批判显然比薛季宣等人更加直接和猛烈：

> 盖以心为官，出孔子之后，以性为善，自孟子始；然后学者尽废古人入德之条目，而专以心性为宗主，致虚意多，实力少，测知广，凝聚狭，而尧舜以来内外相成之道废矣。[②]

叶适认为，儒家自孔子之后过于强调心性之学，导致了"虚意多，实力少"的状况，使"内外相成之道废矣"，并批评朱熹的学说"自此游辞无实，谗口横生，善良受祸"。[③] 对于陆九渊的心学，叶适更是诟病："古人多识前言往行，谓之畜德。近世以心通性达为学，而见闻几废，为其不能畜德也。然可以畜而犹废之，狭而不充，为德之病矣，当更熟论。"[④]在叶适看来，陆氏之学仅以内在的心性通达为旨，外在的见闻实践则几乎完全荒废，这与程朱理学培养出来的冬烘先生又有什么区别呢！历史是不断发展变化的，"古今异时，言古者常不通于今"[⑤]，法度也是因时而变的。叶适曰：

---

① 曾枣庄、刘琳主编：《全宋文》第二百六十七册，上海辞书出版社2006年版，第81页。

② 叶适：《习学记言序目》，中华书局1977年版，第207页。

③ 叶适：《叶适集》，中华书局2010年版，第19页。

④ 叶适：《叶适集》，中华书局2010年版，第603页。

⑤ 叶适：《叶适集》，中华书局2010年版，第786页。

法度立于其间，所以维持上下之势也。唐、虞、三代，必能不害其为封建而后王道行；秦、汉、魏、晋、隋、唐，必能不害其为郡县而后伯政举。①

叶适也在义利问题上对儒家一向坚守的立场发起了挑战：

仁人正谊不谋利，明道不计功。此语初看极好，细看全疏阔。古人以利与人，而不自居其功，故道义光明。后世儒者，行仲舒之论，既无功利，则道义者，乃无用之虚语尔。②

儒家向来有“罕言利”“重义轻利”的传统，这一传统到程朱理学那里，加之当时意识形态的“加持”，就演变得更加面目可憎起来，“存天理，灭人欲”被作为一个不可置疑的戒律高悬在人们头上。永嘉学人反对传统儒家重义不重利的观念，极力强调“利”是“义”赖以存在的基础，肯定人们正当的物质欲望，主张义利并举，“用今之民，求今之治”成为其治学的取向。

由上可知，相对于强调心性修养的理学来说，永嘉之学关注的问题更为“外在”和“具体”。在理欲观、义利观、历史观和法制观等方面，永嘉学人与理学家形成鲜明的对立。他们注重研究以往历史的典章制度的因革变化，以期建立能够解决当下社会问题的经世致用的制度体系。

永嘉学人关注的现实问题，涉及范围之广，恐是历代儒家学者所不能及的。王直在《黎刻水心文集序》中指出，叶适之学于“求贤、审官、训兵、理财，一切施诸政事之间，可以隆国体、济时艰”③。在叶适的奏议中，可以看

① 叶适：《叶适集》，中华书局 2010 年版，第 787 页。
② 叶适：《习学记言序目》，中华书局 1977 年版，第 324 页。
③ 叶适：《叶适集》，中华书局 2010 年版，第 3 页。

到大量讨论法度、资格、学校、荐举、吏胥、监司、实谋、茶盐、治势、水利、理财、兵制等诸方面经制之事，这些是永嘉学人共同探讨的话题。我们且仅从经济理论方面来管窥一下永嘉学派的主张。

周行己非常注意经济民生之事。在北宋时，商贸经济就已经相当发达，因此货币的发行和管理就成了一个重要的话题。周行己曾给皇帝上书曰：

> 今以所收大钱桩留诸路，若京师以称之，则交钞为有实，而可信于人，可行于天下。其法既行，则铁钱必等，而国家常有三一之利。盖必有水火之失、盗贼之虞、往来之积，常居其一。是以岁出交子公据，常以二分之实，可为三分之用。①

宋代发行的“交子”是中国最早的纸币，也是世界上最早使用的纸币；而周行己提出的“铁钱必等”“往来之积”的货币管理之法，应该是世界上最早的“准备金”制度了。后来，在宋徽宗时期，蔡京当权，铸造不足值的“当十”大钱，并超发货币。周行己严厉批评了这种做法，指出这样必将导致物价上涨等国家财政危机问题，并提出了解决的办法。② 有学者称赞道：周行己是北宋时期货币思想的集大成人物，其涉及问题的广度及理论认识的深度，在北宋时期是首屈一指的。③

郑伯熊亦对政治、经济等经制之事关注尤甚。陈亮谓郑氏“论事以贾谊、陆贽为准”④。兹以其《议财论》为例以管窥之：

---

① 周行己：《周行己集(外一种)》，浙江古籍出版社 2015 年版，第 7 页。

② 参见周梦江：《论周行己》，《杭州师范学院学报(社会科学版)》2003 年第 3 期。

③ 赵靖：《中国经济思想通史》第三卷，北京大学出版社 1997 年版，第 270 页。

④ 郑伯熊、郑伯谦：《二郑集》，周梦江校注，上海社会科学院出版社 2006 年版，第 66 页。

故财者，有国之司命；理财者，非可缓之务；议财者，非不急之谈也。高论之士，握孟子仁义之说，闻言利之人，急起而疾击之，不使喘息于其侧。……一日非财，百事瓦解……先王之制亡，人欲日侈，用财者多，秦汉而下，类以四海九州之财赋养一人而不足，于是贱丈夫者，出而伸其喙，剥肤椎髓以厌一人之欲。其原既开，不可复窒。后之承前，有增无损。[①]

莫非王民，予夺敛散，其权在君；何事非君，治乱安危，其权在民。先王知人上之权不足恃也，而一听于民，凡有所欲，委曲弥缝，不敢有已。……夫先王之于民，与之为生，而后世之民，至无以为生，不反其本，方焦心劳思患于无财，族谈群议，以图生财，变法易令，以求丰财，吾恐民之大权有时而或用也。[②]

可以看出，郑伯熊对“握孟子仁义之说”而攻击言利之人的“高论之士”的陈规陋习进行了批评，认为财乃是立国之根本，一天不关注理财之事，国家则百事尽废。更为可贵的是，郑伯熊对传统专制社会中根深蒂固的财产观进行了批判和挑战：专制社会中的君王一向认为“普天之下，莫非王土；率土之滨，莫非王臣”，故而天下民众的财产无不为君王所有，对国家百姓的财产予取予夺便成了理所当然的了。自秦汉以来，专制的君王竞相“伸其喙，剥肤椎髓以厌一人之欲”，“变法易令，以求丰财”，后之承前，敛财愈甚。郑伯熊尖锐地指出，予夺敛散的权利虽然在君王之手，但是，治乱安危的权利却在民众手中。因此，郑伯熊规劝专制的君王予夺之权“不足恃

---

① 郑伯熊、郑伯谦：《二郑集》，周梦江校注，上海社会科学院出版社2006年版，第49页。

② 郑伯熊、郑伯谦：《二郑集》，周梦江校注，上海社会科学院出版社2006年版，第51—52页。

也”，而当“一听于民”而“反其本”。郑伯熊这种财产与权利互动的政治经济学观点，以及“民本”与“民权”的观念，依稀有近代启蒙的意蕴。

此外，叶适则对“重农抑商”的传统提出了强烈的批评：

> 按《书》“懋迁有无化居”，周讥而不征，春秋通商惠工，皆以国家之力扶持商贾，流通货币，故子产拒韩宣子一环不与，今其词尚存也。汉高祖始行困辱商人之策，至武帝乃有算船告缗之令、盐铁榷酤之入，极于平准，取天下百货自居之。夫四民交致其用而后治化兴，抑末厚本，非正论也。使其果出于厚本而抑末，虽偏，尚有义。若后世但夺之以自利，则何名为抑？恐此意迁亦未知也。①

在叶适看来，所谓“抑末厚本”的传统之说并非“正论”，在春秋及以前，不但不抑商，还会实行“通商惠工”的政策以鼓励工商业的发展，之所以汉代以后实行“困辱商人之策”来抑制自由商业交换行为，是出于统治者“取天下百货自居之”和“夺之以自利”的自私心理。为什么春秋之前和之后对商人和商业的态度如此迥异，叶适在此处没有再深入去分析，但答案已经蕴含在其理论之中了。在叶适看来，唐、虞、三代为“封建”时代，故王道可行；而自秦至唐，是郡县制的帝制时代，帝制为霸道之事，一家之专制也，专制思维下，自然是容不得自由竞争的商业精神的。叶适认为“四民”（士农工商）应被平等看待，“交致其用”（共同发展），才能“后治化兴”。有学者认为叶适的这些思想主张具有鲜明的经济自由主义理想性质，显然已经超越了他所处的那个时代。②

---

① 叶适：《习学记言序目》，中华书局1977年版，第273—274页。

② 朱晓鹏：《叶适的经济思想及其现代意义》，《浙学传统与浙江精神论集》，上海古籍出版社2012年版，第140页。

永嘉学人在经济方面的经制思想创见颇多，也最具时代的“进步性”，有西方学者认为南宋已处在“经济革命时代”[①]，显然离不开当时永嘉学人的理论贡献。

永嘉学派“以经制言事功”，对浙东事功学派的形成有奠基意义，其经世致用之学风非历代学者可比，且与时代相得益彰，助力时代发展。南宋时期在经济等领域形成了鼎盛局面，这种社会模式被称为“南宋模式”，一时为世界之先。

自钱氏建立吴越国以来，吴越之地就已有“富甲东南”和“国家根本，仰给东南”的盛誉。至南宋一朝，何止是“富甲东南”，甚至可以说是“富甲世界”了。英国经济学家安格斯·麦迪森通过初步算测，估测宋朝（约公元1000年）的经济总量占当时全球经济总量的比重为26.1%[②]，临安在当时已是世界上最繁华的超级大都市了。到南宋末年，临安的人口已发展到39万户，124万口（包括府属各县）。[③] 该时期，人们已经突破了历代奉行的“重家抑商”观念的束缚，确立了“农商并举”的国策，形成了通达的“中心城市—市镇集市—边境贸易—海外市场”的商业网络体系。10—13世纪的商品经济，同农业、手工业一样，也发展到了一个新阶段。甚至可以说，此时我国商品经济的繁盛，无论就其规模还是水平而言，依然遥遥领先于当时世界上的任何一个国家或地区。[④] 而南宋时的海外贸易也达到了传统社会空前绝后的高度。“海上丝绸之路”在南宋全面形成，“万国衣冠，络绎不绝”的对外贸易盛况，造就了“世界伟大海洋贸易史上的第一个时期”[⑤]。

中国文化重心的南移，内在地推动了南宋在经济等诸领域的爆发式发

① 参见何俊、范立舟：《南宋思想史》，上海古籍出版社2008年版，第24页。

② 安格斯·麦迪森：《世界经济千年统计》，伍晓鹰、施发启译，北京大学出版社2024年版，第296页。

③ 蔡美彪、朱瑞熙、李瑚等：《中国通史》（第五册），人民出版社1978年版，第377页。

④ 葛金芬：《中国经济通史》第五卷，湖南人民出版社2002年版，第465页。

⑤ 马润潮：《宋代的商业与城市》，马德程译，中国文化大学出版部1985年版，第23页。

展并走向鼎盛。而反过来，经济与社会等领域的高度发展，又会进一步促进文化思想领域的革新。因此，以永嘉学派为代表的浙东事功学派虽根植于传统儒学，却展现了与传统儒学颇异其趣的理论特质。一方面，浙东事功学派通过对传统儒学的重新诠释，提出了义利并举的功利主义思想（在传统儒学中，通常主张义先利后或重义轻利）；另一方面，高度发达的经济社会，必然在学术中体现出对社会制度和政治管理方面进行重新建构的要求，为进一步实现现实的社会制度建制奠定理论基础。显然，永嘉学派的学理转向对于儒学的泛道德化问题有“改良”和制衡作用。

应该说，南宋时期，发达的社会经济和开放的“世界市场”背景下，从传统农业社会向商业社会转型的趋势已非常明显。南宋商税加专卖收益已经超过了农业税的收入，因此，与农业社会相配套的儒家思想也为其学理转型提供了良好契机。如果当时能在永嘉学派“事功”思想的指导下，建立起一套与经济社会相适应的价值理念和制度规则，或许中国现在仍处于世界领先的地位（当时的西方国家的经济状况和社会治理状况还远远落后于我们）。当然，历史无法假设，从内在原因上来说，历史之所以呈现如此结果，是由儒家思想的内在逻辑和中国传统社会的惯有模式（尤其是帝制）所决定的。因此，事功学派勇于跳出中国自古以来重德或重义的固有思维模式，并且敏锐地感觉到传统社会需要改良和应遵循的发展方向，这无疑是非常可贵的。

三、东莱心史：历史研究的现实主义诉求

浙学的另一支——金华学派，由吕祖谦所主导。吕学一方面体现出以心学为主体、兼容理学的学术特点，另一方面又吸纳了事功学派的思想。吕祖谦在治学上除了注重兼取各家，还注重学问的现实转换，倡导“外王致用”。相对于偏重心性之学建构的朱陆之学，吕学的这一倾向又标志着一

种学理的转向，对于浙学精神的转向与成型具有承前启后的转折意义。

吕祖谦(1137—1181)，字伯恭，号东莱，浙江金华人；开创“吕学”，与朱熹、张栻并称“东南三贤”。全祖望曾言：“宋乾淳以后，学派分而为三：朱学也，吕学也，陆学也。三家同时，皆不甚合，朱学以格物致知，陆学以明心，吕学则兼取其长，而复以中原文献之统润色之。门庭路径虽别，要其归宿于圣人则一也。”[①]吕祖谦秉承“不名一师，不私一说”之家学遗训为治学宗旨，融合朱陆等各家之说于一炉，创立起独特的婺学学派及学术传统。

首先，吕祖谦祖上为中原文献之家，长于历史的考稽与梳理。在历史研究方面，吕祖谦摈弃了理学家空谈性命义理的虚浮论调，主张从历史本身出发，客观分析历代得失，为当下南宋朝廷提供发展的参照。吕祖谦形象地将历史比作一座“药山”，其中蕴藏了许多救世的良药，可以“随取随得”。由此，吕祖谦提出一种“当如身在其中”的历史观：

> 人之所游，观其所见；我之所游，观其所变。此可取以为看史之法。大抵看史见治则以为治，见乱则以为乱，见一事则止知一事，何取？观史当如身在其中，见事之利害，时之祸患，必掩卷自思，使我遇此等事，当作如何处之。如此观史，学问亦可以进，知识亦可以高，方为有益。[②]

此论意在强调，看待历史要进行历史境域的还原，根据当时的历史现实情境和条件进行判断和分析，进而提高自身经世致用的能力。历史研究的意义绝非体现在历史知识的渊博上，而在于基于史料的考证与批判，完善个体的道德心性，进而将经验推之于当世。

---

① 黄宗羲：《宋元学案》，浙江古籍出版社2012年版，第1853页。

② 吕祖谦：《丽泽论说集录》，浙江古籍出版社2017年版，第210页。

在对理学的传承与发展上，吕祖谦兼容朱、陆之学，然较偏向于心学的建构。有学者认为，吕祖谦的哲学思想，有明显的“心学”趋向。[①] 吕氏的心学主要受两个人的影响：一是程颢，一是陆九渊。王崇炳在《吕东莱先生本传》中说：“先生之学，以涵养性情为主，大概有志于程伯子之为人。然明道本源了彻，精言粗语，皆归第一义谛。先生尚隔一间，惜乎无年，需以岁月，岂不足以入室乎？”[②]二程作为理学开山，然程颢与程颐又有内在的不同，程颢多承孟子心性之说，于此间多有发挥，实为心学派之始祖，吕氏对大程子之为人与学问颇为推崇。而陆九渊与吕祖谦为同时代学人，吕氏虽稍长于陆氏，然对陆氏的学问文章喜爱有加。乾道八年(公元 1172 年)，吕氏为省考官，主持科举之事，未见其人先见其文而知是陆氏之文。“公平日读陆九渊文，喜之，而未识其人。比试礼部得一卷，曰：此必江西小陆之文也。揭示，果九渊也。人服其精鉴。”[③]其后，二人交往密切，吕氏对陆氏心学理论之熟谙与心仪，非常人可比。

在吕祖谦的著作中，关于心学方面的理论有相当多的阐述，总体看来，多依于程颢和陆九渊心学思想而发，无出于陆氏之上。如吕祖谦曰：

> 心即天也，未尝有心外之天；心即神也，未尝有心外之神：乌可舍此而他求哉！[④]

> 举天下之物，我之所独专而无待于外者，其心之于道乎！心外有道，非心也；道外有心，非道也。心苟待道，既已离于道矣。[⑤]

---

① 王凤贤、丁国顺：《浙东学派研究》，浙江人民出版社 1993 年版，第 70—72 页。
② 王崇炳：《吕东莱先生本传》，《吕东莱文集》第一册，中华书局 1985 年版。
③ 王崇炳：《吕东莱先生本传》，《吕东莱文集》第一册，中华书局 1985 年版。
④ 吕祖谦：《左氏博议》，浙江古籍出版社 2017 年版，第 104 页。
⑤ 吕祖谦：《左氏博议》，浙江古籍出版社 2017 年版，第 232 页。

显然，吕祖谦赋予了“心”本体在先的地位，他所表述的“心即天”“心外无物”和“心外无道”的道理和程颢、陆九渊的相关表述无异。程颢有“心是理，理是心”“理与心一”的表述，陆九渊有“吾心即宇宙，宇宙即吾心”“道，未有外乎其心者”的阐释。

吕祖谦亦认为心具有主宰性。他说：“本然者谓之性，主宰者谓之心。”①心之主宰作用体现于“御气”，“圣贤君子以心御气，而不为气所御；以心移气，而不为气所移……心由气而荡，气由心而出”②。“气”由“心”所产生，心相对于气不但具有在先性，还有主宰性。心的主宰性在社会生活中的体现则是“圣人之心即天之心，圣人之所推即天所命也”③。又有，“圣人之心，万物皆备，尚不见有内，又安得有外耶！史，心史也；记，心记也”④。可见，圣人之心在吕祖谦看来是天命之表达，可以包罗自然万物，也包罗社会人事，甚至人类社会的历史进程也不过是圣人之心所派生出的“心史”“心记”。

吕祖谦进而推论曰：

> 圣人备万物于我，上下四方之宇，古往今来之宙，聚散惨舒，吉凶哀乐，犹疾痛疴痒之于吾身，触之即觉，干之即知。清明在躬，志气如神；嗜欲将至，有开必先。仰而观之，荣光德星，欃枪枉矢，皆吾心之发见也；俯而视之，醴泉瑞石，川沸木鸣，亦吾心之发见也。⑤

---

① 吕祖谦：《丽泽论说集录》，浙江古籍出版社2017年版，第235页。
② 吕祖谦：《左氏博议》，浙江古籍出版社2017年版，第104页。
③ 吕祖谦：《增修东莱书说》，浙江古籍出版社2017年版，第66页。
④ 吕祖谦：《左氏博议》，浙江古籍出版社2017年版，第233页。
⑤ 吕祖谦：《左氏博议》，浙江古籍出版社2017年版，第175页。

这样，因为万物皆备于圣人之心之中，故此圣人便对古往今来和上下四方的万事万物，以及人类社会的吉凶哀乐都了如指掌。这种感知能力是“触之即觉，干之即知”，如同身体的感觉能力一般快捷和准确。自然界的事物运动，皆是“吾心之发见”。在吕祖谦看来，“心”对万物的操控可以达到更加神奇的程度：“发于其身，害于其事；发于其事，害于其政。民有不得其死者矣！一念之毒，流金铄石；一念之驰，奔电走霆。虽未尝以兵杀人，实以心杀人；虽未尝用人以祭社之神，而实用人以祭心之神也。”①一念发处，可以“流金铄石”“奔电走霆”，甚至能够“以心杀人”。

显然，在吕祖谦看来，心不但是宇宙的本体，具有绝对的在先性，而且对天地万物和社会人事具有绝对的主宰和控制能力。

乍看起来，吕祖谦是心学一脉学者无疑。然而，由于其“兼取所长”和“会归于一”的学风，吕氏并不“安分”地恪守一家之言。他与朱熹交往亦是深厚，二人交往达数十年，相互通信多达上百封，还常互相探视并结伴而游。朱熹对吕氏之学批评颇多，但是朱子凡遇重要的书籍文章刊发之前，必要先征询吕氏的意见，可以说，吕氏是朱学的第一批读者之一，也是最全面的读者。因此，吕祖谦对于朱子的理学思想无疑有深入的了解和体悟。

在吕祖谦的相关表述中，明显能看出朱子思想的痕迹：

> 理之在天下，犹元气之在万物也。一气之春，播于品物……名虽至于千万，而理未尝不一也。②

> 天理所在，损一毫则亏，增一毫则赘。无妄之极，天理纯全，虽加一毫不可矣。③

---

① 吕祖谦：《左氏博议》，浙江古籍出版社 2017 年版，第 277 页。

② 吕祖谦：《左氏博议》，浙江古籍出版社 2017 年版，第 56 页。

③ 吕祖谦：《丽泽论说集录》，浙江古籍出版社 2017 年版，第 45 页。

天下事有万不同，然以理观之则未尝异。君子须当于异中而求同，则见天下之事本未尝异。[①]

显然，吕祖谦亦把理（天理）作为哲学的最高范畴来论述，理之于万物亦具有本体之先在性。吕祖谦亦认为理具有主宰性。他说："循其天理，自然无妄也"，又"有意作为，非天理也"[②]。又说："如天同一天，而日月星辰自了然不可乱；地同一地，而山川草木亦了然不可乱；道同一道，而君臣父子自了然不可乱。"[③]吕祖谦甚至还提出与董仲舒的"天人感应"说相似的"天理感应"说，以强化天理之绝对主宰性。他说："命者，正理也，禀于天。而正理不可易者，所谓命也。"[④]人如果不顺命以循正理，就会"降之以灾"。

另外，吕祖谦在兼容和调和朱、陆之学的同时，又对浙东事功学派有所吸纳和推进。从吕祖谦的来往书信中可以窥得，吕祖谦除与朱、陆及其门人交往频繁之外，与陈傅良、陈亮、叶适等人亦交往甚密。但是，与朱、陆等人不同的是，吕祖谦对浙东事功学派有相当深入的了解且保有赞赏与同情。在吕祖谦的思想体系中，对于外王致用的强调远胜于朱、陆之学。吕祖谦曰：

切要工夫莫如"就实"，深体力行。乃知此两字甚难而有味也。[⑤]

百工治器，必贵于有用。器而不可用，工弗为也。学而无所用，学将何为也邪？[⑥]

---

① 吕祖谦：《丽泽论说集录》，浙江古籍出版社2017年版，第87页。
② 吕祖谦：《丽泽论说集录》，浙江古籍出版社2017年版，第44页。
③ 吕祖谦：《丽泽论说集录》，浙江古籍出版社2017年版，第17页。
④ 吕祖谦：《增修东莱书说》，浙江古籍出版社2017年版，第136页。
⑤ 吕祖谦：《东莱吕太史集》，浙江古籍出版社2017年版，第460页。
⑥ 吕祖谦：《丽泽论说集录》，浙江古籍出版社2017年版，第254页。

与朱、陆等理学家不同的是，吕祖谦特别提倡“明理躬行”“讲实理、育实材而求实用”的治学理念。显然，吕祖谦这种理论转向本身代表了浙学的内在精神，即一切学问必以致用为指向。因此，吕学除具有调和与兼容朱、陆之学的理论特征外，还具有理学的转向意义。永嘉与永康之学作为“流于异端”(朱熹语)的学术形态，与朱、陆的性理之学对峙而起，吕祖谦亦深受其影响。但是，不同于道学家鄙夷的态度[①]，吕祖谦在兼容朱、陆的同时，又对浙学的事功学派抱有深刻的同情和认同。在其看似博杂的学理体系中，内在地进行着学理的转向。吕学代表了儒学的多元开放的格局，而儒学本就是对社会生活的立体关怀，心性修炼与人生实践、本体与工夫，一应俱足。而以朱、陆为代表的理学有过于内在化的倾向，于社会实践方面有所弱化。

吕祖谦自幼受“中原文献之学”的家传，在史学方面有深厚的积累。他从历代王朝兴衰更替的复杂现象中，感到仅有性理之学不足以体用俱足，还必须讲一点“经世致用”的学问。吕祖谦在制度史的研究中，着力于从历代盛衰中寻找出原因以指导当前制度的制定，进而改变现实生活。吕祖谦曰：“大抵为学不可令虚声多，实事少，非畏标榜之祸也。当互相激扬之时，本心已不实，学问已无本矣。”[②]因此，吕学相对于程朱理学来说，已经有了一定的兼容和转向的意味。

董平先生对吕氏评价道：“吕氏早卒，其学术造诣大未见其抵于全量，然其道德醇谨，博文约礼，良为一代宗师；虽其思想之整体规模及其哲学理论之系统建设较之朱、陆均有逊色，然其所以卓异者，正在其不空言性命而

---

① 朱子曰：“其学合陈君举、陈同甫二人之学问而一之。永嘉之学，理会制度，偏考究其小小者，惟君举为有所长，若正则涣无统纪，同甫则谈论古今，说王说霸，伯恭则兼君举、同甫之所长。”又曰：“伯恭无恙时，爱说史学，身后为后生辈糊涂说出一般恶口小家议论。贱王尊霸，谋利计功，更不可听。”参见黄宗羲：《宋元学案》，浙江古籍出版社 2012 年版，第 1876 页。

② 吕祖谦：《丽泽论说集录》，浙江古籍出版社 2017 年版，第 253 页。

注重经史之学，重视历史文献的研究与汇存，所谓多识前言往行以蓄其德，以道德的涵养为事功开辟的前提，以事功之建立或现实政务之合理措置为道德的实践境域，必期于开物成务，以实现善的普遍价值在经验世界中的终极还原。”[①]这一评价无疑是全面和中肯的，吕祖谦在学术造诣上较朱、陆逊色，但是，其不空言性命，以史学入手，于事功处开拓道德实践的境域——尽管吕学在事功之学上的学理转向不及永嘉之学和后来的永康之学彻底——这些都显示了吕祖谦在思想史上独特的贡献。

“浙江文化无疑具有非常深厚的历史渊源，但从思想文化之历史发展的完整性及其精神传递的连续性而言，当代浙江人精神则植根于南宋时期形成整体规模的浙东学派。”[②]当永嘉学派和金华学派在努力建构自己学派的理论体系时，其实也构建了浙江地方文化的精神气质——在“内敛而果敢”的基础上，进一步体现了义利并举、通变笃实和兼蓄并包的文化气质。

第二节　宋明心学的浙江流传与集成

一、陆象山及其浙江后学

1. 陆象山的心学思想

陆九渊（1139—1193），字子静，江西抚州金溪人，因讲学于象山书院（位于江西省贵溪市），世称“象山先生”。兄陆九韶、陆九龄，亦为儒学名

① 董平：《南宋婺学之演变及其至明初的传承》，《宋明儒学与浙东学术：董平学术论集》，孔学堂书局2015年版，第65页。

② 董平：《浙学、浙东学术、浙东学派与浙江人精神》，浙江省社会科学界联合会编：《浙东学派与浙江精神》，浙江古籍出版社2006年版，第2页。

家。陆象山的学生遍布江西、浙江两地，他的学说更影响了数百年后的王阳明，因此可被视为浙江心学的先声。

象山之心学以尊德性为宗旨，与当时推崇道问学的朱熹理学相抗衡。南宋淳熙二年（公元 1175 年），吕祖谦邀请陆九渊、朱熹等人参加“鹅湖之会”，象山在会上向朱熹发起批评，成为中国思想史上的著名事件。

陆象山的思想要领，大略有以下几点。[①]

（1）辨志：义利之辨。

象山在四十三岁时访问朱熹，在白鹿洞书院讲“君子喻于义，小人喻于利”一章。《年谱》记载此事：

> 先生讲“君子喻于义，小人喻于利”一章毕，乃离席言曰：“熹当与诸生共守，以无忘陆先生之训。”再三云：“熹在此不曾说到这里，负愧何言！”乃复请先生书其说，先生书讲义。寻以讲义刻于石。先生云：“讲义述于当时发明精神不尽。当时说得来痛快，至有流涕者，元晦深感动，天气微冷，而汗出挥扇。”元晦又与杨道夫云：“曾见陆子静义利之说否？”曰：“未也。”曰：“这是子静来南康，熹请说书，却说得这义利分明，是说得好。如云：‘今人只读书便是利，如取解后，又要得官，得官后，又要改官。自少至老，自顶至踵，无非为利。’说得来痛快，至有流涕者。”[②]

儒家强调义利之辨，并非反对追求利益与幸福，而是反对将利当作唯一的、最重要的价值。普通人在不违背义的前提下，去追求自我的利益，无可厚非。而儒者则更应当自觉地关心公众的福祉，承担社会之责任，而非

① 参见牟宗三：《从陆象山到刘蕺山》，上海古籍出版社 2001 版。

② 陆九渊：《陆九渊集》，中华书局 1980 年版，第 492—493 页。

仅追逐自我之利。象山的讲法，乃是直接就人心而言，就人的动机和实践来论说，而非从训诂学的角度来注解经书。因此，其讲道具备强大感染力和生命力，能够打动人心，使人受到强烈触动。这与象山所反对的不痛不痒、分解文字、浮泛议论有着显著的差别。《象山语录》载：

> 傅子渊自此归其家，陈正己问之曰："陆先生教人何先？"对曰："辨志。"正己复问曰："何辨？"对曰："义利之辨。"若子渊之对，可谓切要。①

人的长期志向会影响每时每刻的短期动机，故而陆象山重视立志的重要性。从根本上辨别求义与求利之区别，将前者看作奋斗目标，即是立志的主要方式。

(2)先立其大者。

陆象山的这一说法源自孟子。《孟子·告子上》记载：

> 公都子问曰："钧是人也，或为大人，或为小人，何也？"孟子曰："从其大体为大人，从其小体为小人。"曰："钧是人也，或从其大体，或从其小体，何也？"曰："耳目之官不思，而蔽于物，物交物，则引之而已矣。心之官则思，思则得之，不思则不得也。此天之所与我者，先立乎其大者，则其小者弗能夺也。此为大人而已矣。"

孟子将具有思考能力的心看作大体，而将接受感性刺激的部分看作小体。如果未能立其大者，不发挥心的思考功能，那么人就会为外在刺激所

---

① 陆九渊：《陆九渊集》，中华书局1980年版，第398页。

牵引而丧失自由自律，沉沦堕落下去。象山特别强调这一思想。《象山语录》载：

吾之学问与诸处异者，只是在我全无杜撰。虽千言万语，只是觉得他底在我不曾添一些。近有议吾者云："除了'先立乎其大者'一句全无伎俩。"吾闻之曰："诚然。"①

象山坦率承认自己除了标举"先立其大者"，没有多少本领，正是直承孟子而来。陆象山不重视文本的分析和思想的系统性，因此也被王阳明看作有些"粗"。在陆象山看来，系统的建构、文句的分析是次要的，首要的应当是去体悟时时可以呈现的本心，当下做出决断和行动。

(3)本心即理。

象山在早年便困惑于宇宙边际问题，后忽省悟，将宇宙收摄于吾心之中。《年谱》记载：

先生自三四岁时，思天地何所穷际不得，至于不食。宣教公呵之，遂姑置，而胸中之疑终在。后十余岁，因读古书至宇宙二字，解者曰："四方上下曰宇，往古来今曰宙。"忽大省曰："元来无穷。人与天地万物，皆在无穷之中者也。"乃援笔书曰："宇宙内事乃己分内事，己分内事乃宇宙内事。"又曰："宇宙便是吾心，吾心即是宇宙。东海有圣人出焉，此心同也，此理同也。西海有圣人出焉，此心同也，此理同也。南海北海有圣人出焉，此心同也，此理同也。千百世之上至千百世之下，有圣人出焉，此心此理，亦莫不同也。"②

① 陆九渊：《陆九渊集》，中华书局1980年版，第400页。
② 陆九渊：《陆九渊集》，中华书局1980年版，第482—483页。

象山的这种说法常常招致误解，被看作主观唯心主义。事实上，他并没有将宇宙看作由自我的心或意识所变现出来的。他将宇宙是什么、其来源与边界等外在的宇宙论问题转化成了内在的道德实践之问题，即人应当承担宇宙间之责任，切己地上心、关切宇宙内事，推动天地之化育。不惟圣人此心此理皆同，人人此心此理亦皆同，只是圣人将此心此理保持与实现出来。孟子云："非独贤者有是心也，人皆有之，贤者能勿丧耳。"(《孟子·告子上》)当象山标举心即理时，他并不是将所有心的表现都看作理，而是特指本心即理。在讲心即理之前，当先明白本心。《年谱》记载：

> 问："如何是本心？"先生曰："恻隐，仁之端也，羞恶，义之端也，辞让，礼之端也，是非，智之端也。此即是本心。"对曰："简儿时已晓得，毕竟如何是本心？"凡数问，先生终不易其说，敬仲亦未省。偶有鬻扇者讼至于庭，敬仲断其曲直讫，又问如初。先生曰："闻适来断扇讼，是者知其为是，非者知其为非，此即敬仲本心。"敬仲忽大觉，始北面纳弟子礼。[①]

杨简希望象山能在文字上讲明本心的意义，而象山则通过具体的事情来指点出本心乃是实行之事，而非文句疏解、学说议论之事。本心即人人都具有的初始的道德情感，这些情感自发地形成道德判断，并推动道德行动。人们只要顺其而行，便是本心之呈现。

如果只是悬空地讲本心、心体，将其看作形而上的本体，则差象山之意远矣。作为体的本心就是作为用的情感活动，或者反过来说，作为用的情感活动就是作为体的本心，二者名称不同，但本质上是一回事。心学即体

① 陆九渊：《陆九渊集》，中华书局1980年版，第487—488页。

即用的体用论与理学体在用先的趋向有着显著的不同,这也是二者难以合拍的一个重要原因。《与李宰书》记载:

又曰:"人之所以异于禽兽者几希,庶民去之,君子存之。"去之者,去此心也,故曰"此之谓失其本心"。存之者,存此心也,故曰"大人者,不失其赤子之心"。四端者,即此心也;天之所以与我者,即此心也。人皆有是心,心皆具是理,心即理也,故曰"理义之悦我心,犹刍豢之悦我口"。①

本心有具体的内容与表现,既不是抽象本体,更不是心的任意活动。换句话说,心也是具有秩序的,其秩序便是理,道德秩序亦即宇宙秩序。理内在于本心。故而,说心学是主观唯心主义是有误导性的,遗失了其重要的客观面向。

象山之所以反对将向外求理看作工夫的首要之事,乃是因为相比于外在事物,本心更为根本,直接地便是主体的情感与行动。向外求理之工夫在于读书、注解书、探求自然、遵循礼法等,然后求豁然贯通。这些工夫均不如反省本心和道德实践更为直接。读书无穷无尽,注解书籍更是支离烦琐、拨弄精神,探寻科学知识首要的是运用人之心而不是道德心,礼法在不同的场合之规定也非常复杂(且不论礼法本身亦不能作为道德终极标准)。如果必等待了解了所有知识,才能行善,那么人们可能会终身不行善。《与邵叔谊书》载:

物有本末,事有终始,知所先后,则近道矣。于其端绪知之不至,悉精毕力求多于末沟浍皆盈,涸可立待,要之其终,本末俱失。

① 陆九渊:《陆九渊集》,中华书局1980年版,第149页。

夫子曰："知之为知之，不知为不知，是知也。"后世耻一物之不知者，亦耻非其耻矣。人情物理之变，何可胜穷，若其标末，虽古圣人不能尽知也。……学未知至，自用其私者，乃至于乱原委之伦，颠萌蘖之序，穷年卒岁，靡所底丽，犹焦焦然思以易天下，岂不谬哉？①

当然，理学本身也从未主张人们彻底掌握所有知识之后，才能开始践行道德。但象山之主张的重要意义在于，不管掌握多少知识，如果人们不立本心之大本，不能反思自己的心灵，就不能发现知识与道德存在什么关联。相反，在本心不立的情况下，由于精力外驰，人们反而更忽略探寻自我的内心。古希腊的苏格拉底对自然哲学家的批评也正在于他们过于注重外物，而忽视了人心。

(4)简易平实。

象山所标举的简易，乃是针对支离、艰难之病；而平实，则是针对闲议论之病。象山在"鹅湖之会"所作的讥讽朱熹的诗歌，点出了后者的病痛在于支离，而自信简易的工夫可以克服其弊端。其诗云：

墟墓兴哀宗庙钦，斯人千古不磨心。
涓流积至沧溟水，拳石崇成太华岑。
易简工夫终久大，支离事业竟浮沉。
欲知自下升高处，真伪先须辨只今。②

诗末的"只今"传达出本心现成、当下呈现的意义。在象山看来，这比

① 陆九渊：《陆九渊集》，中华书局1980年版，第2—3页。
② 黄宗羲：《宋元学案》，浙江古籍出版社2012年版，第2099页。

朱熹的格物穷理的进路更为简易，也更为永久、昌大。象山对简易工夫有所说明：

> 故正理在人心，乃所谓固有。易而易知，简而易从，初非甚高难行之事，然自失正者言之，必由正学以克其私，而后可言也。此心未正，此理未明，而曰平心，不知所平者何心也。《大学》言："欲正其心者，先诚其意；欲诚其意者，先致其知；致知在格物。"物果已格，则知自至，所知既至，则意自诚，意诚则心自正，必然之势，非强致也。①

> 临川一学者初见，问曰："每日如何观书？"学者曰："守规矩。"欢然问曰："如何守规矩？"学者曰："伊川《易传》，胡氏《春秋》，上蔡《论语》，范氏《唐鉴》。"忽呵之曰："陋说！"良久复问曰："何者为规？"又顷问曰："何者为矩？"学者但唯唯。次日复来，方对学者诵"《乾》知太始，《坤》作成物，《乾》以易知，《坤》以简能"一章，毕，乃言曰："《乾·文言》云：'大哉乾元。'《坤·文言》云：'至哉坤元。'圣人赞易，却只是个'简易'字道了。"遍目学者曰："又却不是道难知也。"又曰："道在迩而求诸远，事在易而求诸难。"顾学者曰："这方唤作规矩，公昨日来道甚规矩。"②

朱熹将格物理解为穷究外在事物之理，通过不断地积累一事一物之理，达到豁然贯通于天理的效果。这样的工夫伴随着艰难的努力，有时会打击人们行善的积极性。人们可能会觉得自己距离圣人很遥远，失去

---

① 陆九渊：《陆九渊集》，中华书局1980年版，第150页。

② 陆九渊：《陆九渊集》，中华书局1980年版，第429页。

成圣的自信心。既然做不到，那不如放弃。这样的心态使人对儒家之修身退避三舍。陆象山则指点人从简易处入手。在他看来，行善本就是简简单单的事情，不需要刻意勉强，只要顺从我们所固有的本心即可。陆象山并没有如后来的王阳明那样，对《大学》的“格物”与“致知”做出独特的阐释，并据之来讲学。盖文字分解并不被象山所注重。象山指出，格物、致知、诚意、正心都是自然而然的事情，因为它们都是由本有之心的动力来推动。虽然象山引用了《易传》，但其基本精神与根据在于孟子的良知良能之思想。

关于读书要立个规矩，临川一学者认为其规矩在于名家注解。而象山则引用《易传》，指出圣人称赞简易，道并不难知。道在近旁，人们反而去远处寻求；事情简单，而人们反而专门去做难做之事。换句话说，象山认为以日常的道德体验来参验所读之书，才是读书的规矩；而一味皓首穷经的工夫，并不是在真实地消化所读之书。象山云：

> 圣人之言自明白。且如“弟子入则孝，出则弟”。是分明说与你入便孝，出便弟，何须得传注？学者疲精神于此，是以担子越重。到某这里，只是与他减担，只此便是格物。[1]

格物之事在于日常，顺本而行，而非专注于注解经书。对于通过注解经书以立门户者，象山大不以为然，认为他们是故意将简单之事复杂化，平地起土堆，无风起浪，有无事生非之嫌。在象山看来，自己的工夫是平实的，而那些人则是力求在口说和书写上胜过别人，或做历史考据与文字训诂，或故作幽深玄远之语，皆为虚言而不为实行。《年谱》记载：

① 陆九渊：《陆九渊集》，中华书局1980年版，第441页。

尝有言曰："念虑之不正者，顷刻而知之，即可以正。念虑之正者，顷刻而失之，即为不正。有可以形迹观者，有不可以形迹观者。必以形迹观人，则不足以知人；必以形迹绳人，则不足以救人。"又曰："今天下学者唯两途：一途朴实，一途议论。"①

从道德体验中实际的自我意念之萌动来做工夫，是平实深切的工夫，这不仅不能只靠外在的文字语言，也不能只靠外在的行为面貌之形迹。自己的动机是不外露的，自己却可以对之有直觉和明察。教人也是要指点他人反诸其心，而不能只从外在的文字讲解和行为模仿着手。发表议论和意见而不知人心，只是徒逞个人意见。《与曾宅之书》云：

此理本天所以与我，非由外铄。明得此理，即是主宰。真能为主，则外物不能移，邪说不能惑。所病于吾友者，正谓此理不明，内无所主；一向萦绊于浮论虚说，终日只依借外说以为主，天之所与我者反为客。主客倒置，迷而不反，惑而不解。坦然明白之理可使妇人童子听之而喻；勤学之士反为之迷惑，自为支离之说以自萦缠，穷年卒岁，靡所底丽，岂不重可怜哉？②

本心之理，妇人儿童皆知。外在的学说将坦然明白之理愈说愈复杂，愈解愈烦琐，反而将其本身遮盖了。对象山而言，学者首要之事是立定本心即理之主宰，而不是纷驰外求，耗费精神。此外，站在平实的角度看，陆象山不仅批评了儒家内部的其他学说，也批驳了佛老谈空说无的高妙之言。《语录》载：

---

① 陆九渊：《陆九渊集》，中华书局1980年版，第489—490页。
② 陆九渊：《陆九渊集》，中华书局1980年版，第4—5页。

先生云:“后世言道理者,终是粘牙嚼舌。吾之言道,坦然明白,全无粘牙嚼舌处,此所以易知易行。”或问先生:“如此谈道,恐人将意见来会,不及释子谈禅,使人无所措其意见。”先生云:“吾虽如此谈道,然凡有虚见虚说,皆来这里使不得。所谓德行常易以知险,恒简以知阻也。今之谈禅者虽为艰难之说,其实反可寄托其意见。吾于百众人前,开口见胆。”①

禅宗之义理表面上看主张空无一物、无有执着,因此人们不会陷入意见之争。而在陆象山看来,佛老之教恰恰是意见。它们没有积极地肯认人的道德本心与宇宙世界的实在性。佛老高妙艰难的言谈中蕴含着其偏颇的意见。

(5)存养本心结合理会外事。

心学有时被批评会养成虚寂的毛病,即空洞地守着一个心而不理会实事。诚然,有些人也会打着心学的旗号,或是隔离世间、独自冥思,或是固执其心、肆意妄为,或是玩弄光景、虚谈境界。不过,我们需要了解,心学之流弊不等于心学本身,恰恰是由于人们没有理解心学真精神才会产生流弊。如上的毛病是人病,而非法病。

陆象山恰恰反对这些态度。他反对守静、固执、虚谈。他在主张向内求理的同时,也重视实行的重要性。实际上,本心自身就蕴含了行动的推动力。心学圆满、无偏颇、包含全面的洞见,要求内外并重。内心的平和轻松常常伴随着无事,而有事则通常意味着焦虑、忧愁。而象山则力图在保持内心无累的情况下,同时积极地行事,践履义务。他说道:

凡事莫如此滞滞泥泥,某平生于此有长,都不去着他事,凡事

① 陆九渊:《陆九渊集》,中华书局1980年版,第407页。

累自家一毫不得。每理会一事时，血脉骨髓都在自家手中。然我此中却似个闲闲散散全不理会事底人，不陷事中。①

在象山看来，佛道出于对承担事务之劳累与痛苦的惧怕，选择逃避，这是没有担当的做法。儒家主张积极地进行人文化成，不可能选择这样一条道路。但象山看到了人们在践履外事中常常对这一问题感到担忧，他的解决方案不是逃避，而是顺从本心行事，不刻意勉强，不刻意强求，以此来保持轻松洒脱。

理会外事也涵盖了理会读书。陆象山有时受到批评，说他荒废读书。象山尽管主张先立其大者，却并没有说读书并不重要。《语录》中记载：

凡所谓不识不知，顺帝之则，晏然太平，殊无一事。然却有说擒搦人不下，不能立事，却要有理会处。某于显道，恐不能久处此间。且令涵养大处，如此样处未敢发。然某皆是逐事逐物考究练磨，积日累月，以至如今，不是自会，亦不是别有一窍子，亦不是等闲理会，一理会便会。但是理会与他人别。某从来勤理会，长兄每四更一点起时，只见某在看书，或检书，或默坐。常说与子侄，以为勤，他人莫及。今人却言某懒，不曾去理会，好笑。②

陆象山并非不重视读书，而是其读书方法具有独特性。他并不强调注家的解析，而侧重于将书中传达之道验之于生活之体验。书中所蕴含的事实与义理，比书中表面的内容更为重要。这些事实和义理，皆本于心。所

① 陆九渊：《陆九渊集》，中华书局1980年版，第459页。

② 陆九渊：《陆九渊集》，中华书局1980年版，第463页。

以象山说:“六经注我,我注六经。”以德性工夫印证六经所说,又以六经来辅助我们涵养本心,使得心与六经互相彰明。[①]

2. 杨简与四明学派

四明学派是南宋时期以陆象山心学为宗旨的学术流派,其代表人物包括杨简、袁燮、舒璘、沈焕,世称“甬上四先生”。四人都是浙江明州人,又都拜陆象山为师。四明学派在当时并不是一个自觉创立的派别,“四明学派”这一称呼更多为后人,尤其是现代学者所使用。相比于陆象山的江西弟子,他在浙东的弟子更将其学发扬光大。全祖望称“象山之门,必以甬上四先生为首”[②]。

杨简(1141—1226),字敬仲,浙江慈溪(今浙江宁波)人。乾道五年(1169年)进士。著作颇丰,有《慈湖遗书》等二十四种。曾筑室于慈溪德润湖(慈湖),取名慈湖书院并聚徒讲学,世称慈湖先生。

袁燮(1144—1224),字和叔,庆元府鄞县(今浙江宁波)人,世称絜斋先生。淳熙八年(1181年)进士。著有《絜斋集》《絜斋家塾书钞》等。

舒璘(1136—1199),字元质,一字元宾,浙江奉化人,世称广平先生。著有《广平类稿》,后失佚,清初黄宗羲辑得其残篇。

沈焕(1139—1191),字叔晦,浙江定海人。后迁居鄞县,世称定川先生。著作失传,现存《定川遗书》,是后人所辑的言行录。

“甬上四先生”中最具代表性者是杨简。杨简少时便对心性有所思考与颖悟,自称:“自总角承先大夫训迪,已知天下无他事,惟有此道而已矣。”[③]经过不断思索与问学于象山,终成心学大家。他虽为象山弟子,被视为光大象山之学的重要人物,但其实与象山接触不多,其学亦有独

① 参见唐君毅:《中国哲学原论·原教篇》,九州出版社2016版,第183—188页。

② 黄宗羲:《宋元学案》,浙江古籍出版社2012年版,第41页。

③ 曾枣庄、刘琳主编:《全宋文》第二百七十五册,上海辞书出版社2006年版,第82页。

到之处。

(1)心一元论。

与象山阳明本心与理并重的趋向不同,杨简很少谈到“理”。他的主张,乃“一心”而已。杨简多次谈及“道”,但也将其还原为“心”。在存在论上,道、理、万物俱源于心的本然状态。在价值论上,道、理所代表的法则、价值均被还原为“心”。因此做工夫的重心是针对“心”。在概念构成上,“心”可以独自存在,而道、理之概念表面上可独自存在,但终极地仍被化约为“心”。因此可以说,杨简确实表现了彻底的心一元论之特征。他的心一元论乃是化约式的一元论。如果说朱子哲学是一种客观主义,象山与阳明兼有主观主义与客观主义的色彩,在关系中确证二者,那么杨简思想中的主观主义色彩则更加浓厚。兹引其说数条如下:

> 人心自神,人心自灵,人心自备众德,不学而能,不虑而知,自温自良,自恭自俭,自温而厉,自威而不猛,自恭而安。(《慈湖遗书》卷十《家记四》)

> 斯心即天之所以清明也,即地之所以博厚也,即日月之所以明、四时之所以行、万物之所以生也。即古今圣贤之所以同也。(《慈湖遗书》卷二《达庵记》)

对杨简来说,人心自发地发挥神妙作用,不需要额外的力量。万事万物都由心而得以存在与演化。他也倡导“心之精神是谓圣”,认为圣人之品格亦由心之精微神妙所导出。他解释道:“心之精神无方无体,至静而虚明,有变化而无营为。禹曰‘安女止’,明其本静止也。舜曰‘道心’,明此心即道也。”(《慈湖遗书》卷二)心的神妙表现在:它没有固定的方向与形迹寓所,它引发变化却没有造作,它就是道之所在。

(2)“不起意”的工夫论。

既然心如此高明完美，何以人心会有不完善的表现？对此问题，杨简的解决之道是区分“心”与“意”。这与朱子分立性、理与心，或象山阳明分立性、理、本心、心体、良知与一般泛言的心、意有所不同。

简单来说，在杨简思想中，心至善至灵，而意则本质上是暗昧的，对心有遮蔽作用。对象山、阳明而言，意有善意与恶意；而对杨简来说，意主要指负面的意气、分别、偏见、执着。他写道：

> 人心自明，人心自灵。意起我立，必固碍塞，始丧其明，始失其灵。孔子日与门弟子从容问答，其谆谆告戒止绝学者之病，大略有四：曰意，曰必，曰固，曰我。门弟子有一于此，圣人必止绝之。毋者，止绝之辞。知夫人皆有至灵至明广大圣智之性，不假外求，不由外得，自本自根，自神自明。微生意焉，故蔽之；有必焉，故蔽之；有固焉，故蔽之；有我焉，故蔽之。昏蔽之端，尽由于此。故每每随其病之所形而止绝之，曰毋如此，毋如此。……何谓意？微起焉，皆谓之意；微止焉，皆谓之意。意之为状，不可胜穷，有利有害，有是有非，有进有退，有虚有实，有多有寡，有散有合，有依有违，有前有后，有上有下，有体有用，有本有末，有此有彼，有动有静，有今有古。若此之类，虽穷日之力，穷年之力，纵说横说，广说备说，不可得而尽。然则心与意奚辨？是二者未始不一，蔽者自不一。一则为心，二则为意；直则为心，支则为意；通则为心，阻则为意。直心直用，不识不知；变化云为，岂支岂离；感通无穷，匪思匪为。孟子“明心”，孔子“毋意”，意毋则此心明矣。(《慈湖遗书》卷二《绝四记》)

《论语·子罕》载：“子绝四：毋意、毋必、毋固、毋我。”杨简认为“毋意”最为关键，后三者都是“毋意”的具体表现。“意”难以定义，有不同的表现形态。如果对意的表现形态进行列举，将永远不能对其本质有所认识。他以一与二对心与意进行本质上的区分。统合性、总体性、贯通性地看待事物则是一，是心的表现；带有刻意的分别心去看待事物，分解出若干成分以对事物进行认识，乃至对一些成分厚此薄彼，则是二，是意的表现。心呈现为直接、通达，而意为呈现为支离、阻断。在心的活动中，没有刻意认知的成分。“不识不知，变化云为，岂支岂离？”人只要有刻意的思虑、念头，远离心的平静状态，而进入搅扰状态，那便是起意。此外，执着于语言文字，也被看作是起意。

综上，杨简之学极大地突出了“心”的主体地位，并反对过多刻意的思虑，彰显了行动的意志力。

二、王阳明心学之集成

在元代朱子理学被定为官学，取得压倒性优势之后，明初时心学也呈现出了复兴之势，经由陈献章、湛若水，而最终大成于王阳明。

陈献章（1428—1500），字公甫，号石斋，广州府新会县白沙里（今广东省江门市蓬江区白沙街道）人，世称白沙先生。明代著名的书法家、诗人、教育家、思想家，为岭南学派创始人，是岭南唯一诏准从祀孔庙的学者。陈献章曾求学于著名学者吴与弼，半年后归乡，居白沙里。自学十余年后，设馆传道授业。其学尚自然，贵自得，在程朱理学把持学术的僵化局面下，给思想界带来一股清新的气息。

湛若水（1466—1560），字元明，号甘泉，广州府增城县甘泉都（今广州市增城区新塘）人，世称甘泉先生。明代著名哲学家、教育家、书法家。从学于陈献章，为陈献章之后岭南学派的主要领袖。曾在南岳衡山紫云峰下衡岳寺废址上建筑楼宇，取名甘泉精舍，后人称之为甘泉书院。湛若水的学问宗旨为随处体认天理，兼有内外合一、兼重知行、贯通动静等特性。他与王阳明有所往来,相互启发。学术界对于湛若水思想的定位存在争议,有人主张其学为理学,亦有人主张其学为心学。

王守仁(1472—1529),幼名云,字伯安,号阳明,又号乐山居士,浙江余姚人,世称阳明先生。明代著名哲学家、书法家、军事家、教育家。王阳明是心学集大成者,其学说在陆九渊“本心即理”的基础上,侧重“知行合一”与“致良知”之教。

1. 知行合一

王阳明早年遵循朱熹的格物致知学说,却由于格竹子而生病(《传习录》第318条)[①],喟叹圣人也许并非自己所能及。后来经过磨炼,王阳明悟出知行合一说与致良知学,经过深化与后学的阐发,对学术界与社会历史都产生了深远的影响。

朱熹强调先验的天理,用以约束人心中不稳定的情。天理可以通过后天知识积累之过程而获得,即人们通过经典和经验的学习获得物理与事理,进而领会天理。天理是善的情感的标准和来源,因而符合并发之于天理的情,才是善的。他说道:“性只是理……但得气之清明则不蔽锢,此理顺发出来。蔽锢少者,发出来天理胜;蔽锢多者,则私欲胜。”(《朱子语类》卷四)对朱熹来说,作为体的天理之内容,不同于作为用的这些情感本身。他的理论有其价值,却也面临一些问题。王阳明对其进路发起了一些挑战。[②] 建基于王阳明的理论,牟宗三也对朱熹的理做了一些批评,认为不活动的理不能够激发情感和行动。[③] 即便人们认识到孝是天理的规定,人

---

① 参见陈荣捷:《王阳明〈传习录〉详注集评》(修订版),台湾学生书局2013年版。本章所引《传习录》皆出自该书,不再一一注释。

② Yinghua Lu, “Pure Knowing (*Liang Zhi*) as Moral Feeling and Moral Cognition: Wang Yangming's Phenomenology of Approval and Disapproval”, *Asian Philosophy*, 2017, 27(4): 309-323.

③ 参见牟宗三:《心体与性体:一》(《牟宗三先生全集》卷五),联经出版事业股份有限公司2003年版,第89页。

们仍然不能够感到孝，特别是当他认为此项任务的完成不是自发地可经验的，而是需要他无法达到的额外努力时。事实上，爱首先是一个活生生的体验，而不是天理的要求。

对王阳明来说，朱熹的天理过于抽象，并远离生活实践。第一，尽管它是客观的，人们却不能决定它的具体内容。通过经验地调查研究竹子，人们可以分辨出关于竹子的理，却无法发现竹子的理和道德的理有什么关联，如王阳明早年所感受的那样。没有道德体验的支撑，天理将变成无内容的，或是独断的。例如，没有父母子女的互相的爱在先，孝如何应当成为天理的内容？第二，由于不同时代中不同的人相信不同的行为准则，我们如何接受天理的固化模式？古代中国人相信男人有权利娶一个妻子和数个小妾，这是天理的内容，但今天这一信条被现代的中国人所拒斥。此外，若将朱熹的学说推到其逻辑上的极端结论，我们不能赞许与反对任何行为，或者在此判断基础上行动，直到我们完全掌握了这个世界上各式各样的知识。相反，是非之心的自发性与先天性是王阳明的主张，该主张使得人们做出初步正确的道德判断并同时采取道德行动，尽管该判断和行动可以得到后续的提炼深化。[①] 对王阳明来说，道德知识在是非之心之感受中被发现，我们对这些感受的自发接触是我们获取道德知识的关键。同时，知识也在行为中被深化与逐步完善。对于知行合一说，《传习录》上卷有经典的记载：

> 爱因未会先生“知行合一”之训，与宗贤、惟贤往复辩论，未能决，以问于先生。先生曰：“试举看。”爱曰：“如今人尽有知得父当孝、兄当弟者，却不能孝、不能弟，便是知与行分明是两件。”先生

① 笔者在后面将论述道德情感的有序运行（良知）并不能确保特殊的道德判断和行为的正确性，后者的确需要实践知识的配合。

曰:"此已被私欲隔断,不是知行的本体了。未有知而不行者。知而不行,只是未知。圣贤教人知行,正是要复那本体,不是着你只恁的便罢。故《大学》指个真知行与人看,说'如好好色''如恶恶臭'。见好色属知,好好色属行。只见那好色时,已自好了,不是见了后,又立个心去好。闻恶臭属知,恶恶臭属行。只闻那恶臭时,已自恶了,不是闻了后,别立个心去恶。如鼻塞人虽见恶臭在前,鼻中不曾闻得,便亦不甚恶,亦只是不曾知臭。就如称某人知孝、某人知弟,必是其人已曾行孝行弟,方可称他知孝知弟。不成只是晓得说些孝弟的话,便可称为知孝弟?又如知痛,必已自痛了,方知痛。知寒,必已自寒了。知饥,必已自饥了。知行如何分得开?此便是知行的本体,不曾有私意隔断的。圣人教人,必要是如此,方可谓之知。不然,只是不曾知。此却是何等紧切着实的工夫。如今苦苦定要说知行做两个,是甚么意?某要说做一个,是甚么意?若不知立言宗旨,只管说一个两个,亦有甚用?"爱曰:"古人说'知''行'做两个,亦是要人见个分晓。一行做知的工夫,一行做行的工夫,即工夫始有下落。"先生曰:"此却失了古人宗旨也。某尝说知是行的主意,行是知的工夫;知是行之始,行是知之成。若会得时,只说一个知,已自有行在,只说一个行,已自有知在。古人所以既说一个知,又说一个行者,只为世间有一种人,懵懵懂懂的任意去做,全不解思惟省察,也只是个冥行妄作,所以必说个知,方才行得是;又有一种人,茫茫荡荡,悬空去思索,全不肯着实躬行,也只是个揣摸影响,所以必说一个行,方才知得真。此是古人不得已补偏救弊的说话。若见得这个意时,即一言而足。今人却就将知行分作两件去做,以为必先知了,然后能行。我如今且去讲习讨论做知的工夫,待知得真了,方去做行的工夫,故遂终身不行,亦遂终身不知。此不是小病痛,其来已非一日矣。

某今说个‘知行合一’，正是对病的药，又不是某凿空杜撰。知行本体，原是如此。今若知得宗旨时，即说两个亦不妨，亦只是一个；若不会宗旨，便说一个，亦济得甚事？只是闲说话。”（《传习录》第5条）

王阳明认为，未有知而不行者，或曰，真知必能行；知而不行，实则只是不知。这种观点有时被人批评为窃题。王阳明果真犯了此谬误吗？实际上，王阳明的知行合一说，并非将“知”和“行”看作独立的两个名目，而且“知”也有不同的层次。[①] 知行合一的“知”，不是在知善恶的层次讲，而是在行为推动力和意志力的层次讲。“真知必能行”并不是指一旦一个人获得了真知，便可以预测他一定能行；而只有行了，才可以说他获得了真知。既然知和行成为一体之两面，而非独立的“两件”（《传习录》第5条、第226条、第321条），我们便不能在知善恶和道德行动之间做出“如果，那么”的推理，而只能在意志力与道德行动之间做出“如果，那么”的推理：如果意志力足够强大，便足以推动道德行动；如果道德行动没有发生，说明意志力不够强大。而且这种推理也并非是在对两个相互分离的事物进行逻辑统摄。知善恶是在一定程度上离开道德行动而单独成立的，而意志力的强大与否不能离开道德行动而单独得到验证，因为它本身就代表了推动行动的那种力量。从概念上讲，推动力与行动是相互包含的。

事实上，在知善恶的层面上来讲“知”，王阳明并没有否认“知而不行”的现象。比如，他曾说盗贼也有良知，称呼其为盗贼，他也会感到羞耻。（《传习录》第207条）我知道我应该做什么事情，然而我就是不想做，这种现象在生活中很常见。譬如，某人知道自己应当健身、读书，不应当沉迷网

---

① Yinghua Lu, “Wang Yangming's Theory of the Unity of Knowledge and Action Revisited: An Investigation from the Perspective of Moral Emotion”, *Philosophy East and West*, 2019,69(1):197-214.

络游戏，却还是做相反的事情。这当然与私欲之膨胀与遮蔽有关，而私欲之膨胀与遮蔽也与意志力的薄弱紧密相连。《传习录》中有不少对“志”的论述，现依据一二文本分析：

> 唐诩问：“立志是常存个善念，要为善去恶否？”曰：“善念存时，即是天理。此念即善，更思何善？此念非恶，更去何恶？此念如树之根芽。立志者长立此善念而已。‘从心所欲，不逾矩’，只是志到熟处。”（《传习录》第53条）

> 善念发而知之，而充之。恶念发而知之，而遏之。知与充与遏者，志也，天聪明也。圣人只有此，学者当存此。（《传习录》第71条）

“志”至少可以在两种含义上理解：一是志气、志向（Commitment）；二是意志（Will）。前一种通常在立志、立圣人之志的层面上说，表示对行动长期的、根本的推动力，如第一段引文所展示的。后一种表示对行动的短期的、即刻的推动力，推动人为善去恶，如第二段引文所展示的。两者也是相互推动的：志向促成意志之生成与培养，意志坚定助成志向之实现。

那么，意志的来源是什么呢？哲学家们对此有不同的解答：理性法则（康德）、情感（英国道德情操论者）、机体的机械运动（唯物主义者，如霍布斯）等。对王阳明来说，“志”则是来自天理、良知：

> 问立志。先生曰：“只念念要存天理，即是立志。能不忘乎此，久则自然心中凝聚，犹道家所谓结圣胎也。此天理之念常存，驯至于美大圣神，亦只从此一念存养扩充去耳。”（《传习录》第16条）

先生曰："你真有圣人之志，良知上更无不尽。良知上留得些子别念挂带，便非必为圣人之志矣。"(《传习录》第 260 条)

体会天理良知，便构成了志向与意志的源泉。对王阳明来说，意志不是与良知相分离的，而是代表了良知的执行能力。关于知善恶而不行动的问题，大多出在"志"上。王阳明写道：

大抵吾人为学紧要大头脑，只是立志。所谓困忘之病，亦只是志欠真切。(《传习录》第 144 条)

"志欠真切"便成为阻碍良知发用的一个重要因素。缺乏意志力和长期目标志向，人们便不能养成笃实的品性。当知晓应当如何，便去践行之，久之就会通过不断的行动而培养一种坚持的习惯。习惯之培养对于意志力的坚定至关重要。此种现象亦表明，在习惯的连贯性中，意志力和行动是相互促进的。

正是由于"志"之真切的欠缺，造就了懒惰、拖延等病症。人们这时候会寻找各种理由来为自己辩解，比如说即便去做了也不见得有益处，反而会有害，或者改天条件具备了再去做。人们会调整自己的认知，使得知行看起来不那么断裂。如亚里士多德的"实践的三段论"所展示的，人们认可一般的原则(大前提)，却在当下寻找理由认为目前的情形与大前提并不相符(小前提)，因而也就无法付诸行动(结论)。[①] 以运动来举例，某人可能劝慰自己，天冷、繁忙、状态不佳等因素的存在，使得不适合现在去运动，不如等天暖和、假期来临、状态好转了再去做。人们不断寻找"客观""外在"原因，使自己的不作为看起来是不得已的，而非由于缺乏毅力。这种自欺

① Alexander Broadie, "The Practical Syllogism", *Analysis*, 1968, 29(1): 26-28.

亦是对自由意志的极大否定。

此外,人们也会打算等自己的认识更全面甚至无误之后,再去行动。这构成另一个意志力缺乏的借口。依照王阳明的批评,知识无穷无尽,若必待学习了所有知识再去行动,便会终身不行。有时,在没有完全的规划时也得先去做,并在做中不断学习。《大学》中说:“未有学养子而后嫁者也。”王阳明的知行合一说的精义恰恰在于,在不能获得所有相关知识、不能保证完全无误的情形下,也总要去行动,在试错中不断修正和改进知识(这里的“知”不是对意念善恶的认知,而是外在知识)。这种操练如同学习写字、射箭,必待行了,方能真知。在这里,良知具有实践能力的含义。

2. 致良知

前面笔者阐释了良知所具有的道德动力与实践能力的意涵,这二者构成了“知行合一”。在这里我们探讨良知的道德感受与道德认知的意涵。

首先,良知表示做出道德判断的能力。孟子和王阳明均侧重道德情感及其所奠基的良知,而先天之情感本身是有序的。[①] 王阳明宣称良知是做出道德判断的机能,“知善知恶是良知”(《传习录》第315条)。对于孟子和王阳明来说,“是非之心”是道德上有序的感受,它具有认知的内容,但却不是推理意义上理性的。简而言之,“是非之心”是感受性的认知(知善知恶,knowing right and wrong),或认知性的感受(赞许与反对,approval and disapproval),类比于经验主义与理性主义。“是非之心”在王阳明那里不可被化约为快乐或道德法则。那么,“是非之心”的根据是什么呢?

如此我们就进入了第二点,即良知表示道德知识与标准。在王阳明看来,良知不仅仅包含道德判断之能力,还包含道德知识。良知的判断绝不是任意的或无根据的断言。尽管良知是主观的感受,其内容却是客观的。

---

① Yinghua Lu, “The *a Priori* Value and Feeling in Max Scheler and Wang Yangming”, *Asian Philosophy*, 2014,24(3): 197-211.

王阳明的良知理论拒绝道德相对主义。如果一个人做出错误的道德判断，那并非源于良知的错误。可是，我们如何区分良知和并不纯粹的感受呢？

在王阳明看来，天理在于人心，而不是外在的事物。此外，天理与良知的关系是互相包含与相互预设，并非其中之一者可以被化约为另一者。我们已经看到，朱熹认为善的情是发自天理的，它们只是天理可见的“端绪”或“端倪”。与朱熹相对的另一个极端是主观主义，即一味地相信其个人所感受的或欲望的，就是良知的运行，也即天理，进而拒绝约束自我。我们不能以天理来规定良知，也不能用良知来规定天理。把任何一者看作逻辑上居先的，都会产生严重的理论和实践问题。事实上，两者相互规定，其关系毋宁是有此必有彼，无此必无彼，反之亦然。

王阳明说：“良知只是一个天理自然明觉发见处，只是一个真诚恻怛，便是他本体。”(《传习录》第 189 条)“良知是天理之昭明灵觉处，故良知即是天理。”(《传习录》第 169 条)又云：“天理即是良知。千思万虑，只是要致良知。”(《传习录》第 284 条)可见，天理规定良知，良知确认天理。二者是相互确立的关系，而不是在概念上把一者统摄于另一者之下，亦无须另一者的界定。

良知与天理在恻隐、恭敬等道德情感中得到确证。《传习录》记载：

> 惟乾问：“知如何是心之本体？”先生曰：“知是理之灵处。就其主宰处说便谓之心；就其禀赋处说便谓之性。孩提之童，无不知爱其亲，无不知敬其兄，只是这个灵能不为私欲遮隔，充拓得尽，便完完是他本体，便与天地合德。自圣人以下，不能无蔽。故须格物以致其知。”(《传习录》第 118 条)

良知自身便蕴含克私欲的强大意志力。为了达成克私欲，除使欲望的力量不再强大之外，良知的力量之正面培养亦至关重要。这则需要道德情感的涵养。良知本不能脱离恻隐、爱、恭敬等初始道德情感而单独成立，不断充拓这些情感，便会形成沛然莫之能御的力量。初始的道德情感所构成的良知，不仅仅促使人们形成“知善知恶”的道德判断，同时能够推动人们的行动，使道德知识付诸实践。

三、阳明心学对浙江精神的推动与塑造

思想家的成长，离不开其具体的历史与社会土壤。而思想家学说的形成与完善，也必将反哺其故乡与时代，推动社会的发展。浙江学术与浙江精神作为浙江文化的两个组成方面，具有一种交融互动的关系。王阳明作为浙学的集大成者，推动了浙江精神的发展，塑造了更成熟的浙江心灵。

1. 包容开放

浙江人和王阳明之前的思想家，均注重吸收接纳不同的生活方式、文化、学说。浙江文化很早便受到中原文化的影响，并影响中原文化的发展。与中原相比，浙江多山多水，平原耕地欠缺，不能只指望农耕的收益。这也造成了浙江人通达求变、兼收并蓄的性格，以便取得良好的收益。浙江汇合了海洋文化与内陆文明，浙江人与浙商心态开放，一方面朴实、勤恳，另一方面勇于尝试不同的、新鲜的事物。

王阳明便是在此种文化环境下成长的。他的心学思想坚持儒家的精神方向，并在这点上对佛老有所批评，但他在工夫论上则吸收了佛家与道家的思想。[①] 他也曾借用佛、道的说法来阐发其学。《传习录》记载：

> 问：“知识不长进，如何？”先生曰：“为学须有本原，须从本原上用力，渐渐盈科而进。仙家说婴儿亦善。譬婴儿在母腹时，只

① 关于王阳明对儒释道的融通，参见何静：《论王阳明的致良知说对儒释道三教的融合》，《浙江社会科学》2007年第3期。

是纯气，有何知识？出胎后，方始能啼，既而后能笑，又既而后能认识其父母兄弟，又既而后能立、能行、能持、能负，卒乃天下之事，无不可能。皆是精气日足，则筋力日强，聪明日开，不是出胎日便讲求推寻得来。故须有个本原。……”(《传习录》第30条)

先生曰：“这些子看得透彻，随他千言万语，是非诚伪，到前便明。合得的便是，合不得的便非，如佛家说心印相似，真是个试金石、指南针。”(《传习录》第208条)

阳明心学吸纳非主流学说、不迷信权威的品格，接续了浙江先民的开放态度，也影响了浙江后人不断地吸纳外来文化与文明，打破陈规束缚。晚清的龚自珍大声疾呼“不拘一格降人才”，从中我们可以看到阳明心学的持续影响。

阳明心学的传播，上至知识精英，下至贩夫走卒，不排斥、不遗漏任何人群，这体现了其圆融与开放的特质。浙江心灵的包容开放，不仅体现在吸收与学习他处的优秀文化与知识，也体现在推广方面乐于分享与给予，没有吝啬保守的偏狭心态。

2. 力行创新

阳明心学彰显人的主体意识，既继承了浙江先民勇于挑战的精神，又推动了后人形成奋力进取、注重行动的品质。王阳明吸收了王充的“疾虚妄”和永嘉学派注重实行与实效的思想，同时也继承了他们的批判精神。但王阳明的学说，并不像浙学前人那样具有强烈的经验主义倾向，而是综合统一了先天与经验、本心与事功。虽然王阳明也反对朱熹，但并不像陈亮、叶适那样站在经验主义与实用主义的立场上来排斥朱熹，而是在同情理解朱子的基础上，改进朱子的修身方式。作为浙学之集大成者，王阳明完成了对前人的超越。人心内在的精神力量是普遍的、先天的。本心良知提供行为的准则,并推动人们的行动,进而建立事功。

致良知从根本上依靠个人的觉醒与力行,而不能只依靠外在的遵循习俗、读书记诵。人是活泼泼的、能动的,是具有强大意志力和筹划力的存在,而不只是被动地听从他人安排和吩咐的无意识存在。王阳明多次谈到良知本心的活泼泼与"必有事"所蕴含的力行精神:

> 问:"先儒谓'鸢飞鱼跃'与'必有事焉',同一活泼泼地。"先生曰:"亦是天地间活泼泼地无非此理,便是吾良知的流行不息。致良知,便是必有事的工夫。此理非惟不可离,实亦不得而离也。无往而非道,无往而非工夫。"(《传习录》第 330 条)

王阳明认为,良知是流行不息的。以此为推动力,我们也是自主的。萨特将推卸责任与逃避自由的做法称为虚假的、自欺的坏的信念(bad faith),这种信念否认人的自由意志与决断能力。① 海德格尔也将此在的本真存在与常人的沉沦存在区分开来。② 在沉沦的常人状态中,人们只是沉溺于群体之中,闲话八卦、模棱两可、猎奇取乐、道听途说、人云亦云、空谈不行、敷衍应付、墨守成规、得过且过、做一天和尚撞一天钟,进而丧失了个人的主导性与主动性,迷失了目标与对意义的追求。

我们可以看到,阳明心学及其后学突出心的主体地位,反对盲从权威、畏首畏尾、优柔寡断、忧愁顾虑,而呈现出自由洒脱的姿态。心学模式下的人格具备以下特征:果敢、直率、不虚伪、特立独行、勇于决断、轻松潇洒、仗

---

① Jean-Paul Sartre, *Being and Nothingness*, trans. Hazel Barnes, New York: Schocken Books, 1956.

② Martin Heidegger, *Being and Time*, trans. John Macquarrie and Edward Robinson, New York: Harper & Row Publishers, 1962:210-224.

义执言、不惧险阻、开拓进取、大胆创新等。

假若人们只是安于现状，走别人走过的路，个人与社会都不会有所进步。《大学》云："苟日新，日日新，又日新。"浙江精神也是日新的精神。创新不仅仅体现在财富、器物的积累和新增，也体现在知识探索、经营管理等方面方法的更新上。没有新意的人生与社会是僵死的，压制创新的体制是沉闷的。江浙大地上的人们历来鼓励特立独行，鼓励尝试，尊重"第一个吃螃蟹的人"。有"第一个吃螃蟹的人"，便有"第一个吃蜘蛛的人"，只不过在他尝试并验证其难吃之后，后人便不吃了。在空白领域开拓的人，并不知道他面对的是螃蟹那样的美味，还是蜘蛛那样难以下咽的味道。这就需要有承担风险的勇气。浙江精神的优点在于，不论成败，认可开拓本身便具有极大价值，失败教训与成功经验一样重要。面对可能的失败便畏首畏尾，或者对他人的失败进行嘲笑，这些都是阳明心学与浙江精神所反对的。王阳明曾说，许多的知识与技能都需要通过亲身的行动来获得。他写道：

> 夫学问思辨行，皆所以为学。未有学而不行者也。如言学孝，则必服劳奉养，躬行孝道，然后谓之学。岂徒悬空口耳讲说，而遂可以谓之学孝乎？学射，则必张弓挟矢，引满中的。学书，则必伸纸执笔，操觚染翰。尽天下之学，无有不行而可以言学者。则学之始，固已即是行矣。笃者，敦实笃厚之意。已行矣，而敦笃其行，不息其功之谓尔。（《传习录》第136条）

对王阳明来说，学习是在行动中学习，只通过书本与他人的教导是无法获得真知的。将学习的范围扩大，任何一件事情都可以是学习。力行创新，便也是学习的过程。这一过程，不仅丰富了个人生命，而且促进了社会的发展并造福他人。

3. 民间活力

正是在浙江学术与浙江文化的熏陶下，人们具有强烈的自发行动精神与力行创新意识，不依赖外在的强令作为驱动力，因此浙江的管理方式也就不是以管控为导向，而是以服务为导向。以管控为导向，反而越管越死，会限制人们的创造性；而以服务为导向，政府便可以支撑、辅助人们完成创新。

王阳明的学说对普通大众来说具有亲和性。王阳明反对朱熹以“新民”来解说《大学》，而认为“亲民”作为《大学》的原本文字，是没问题的，无须调整。他这样做，凸显了政府或人们对待其他人的方式，是以仁爱和关怀为主的。以仁爱对待身边具体的、活生生的个人，能够激发他人和自己的生命力。弗洛姆曾说，爱是给予，而不是索取和接受。[①] 舍勒也论证了爱所具有的鼓舞与创造力量，能打开更新更高的价值领域。[②] 相反，如果以压制、命令、惩罚为主对待他人，会打击人们的积极性。人们会认为自己只是被动地完成上级所安排的任务，做不好会遭受处罚，做好了也没有成就感，这样便会导致人们敷衍应付的行事态度。浙江的经济以民营经济为主，浙江人在市场经济领域做出了开拓性的贡献，这与浙江精神所具有的自发性与民间活力是分不开的。

可以说，不仅仅浙江文化影响了具体的个人，民间个人的自主性也影响了浙江省政府的管理方式。这种少干预、多服务的体制，对于减少创业和做事的障碍，是至关重要的。当代浙江推动“最多跑一次”改革，也是在这一指导思想下发起的。

民间活力不仅有利于经济的发展，也有利于学术的创新和传播。相较

---

① Erich Fromm, *The Art of Loving*, New York, N. Y.: Harper & Row, 1956:22.

② Max Scheler, *The Nature of Sympathy*, trans. Peter Heath, New Brunswick, New Jersey: Transaction Publishers, 2008:152.

于朱子后学的鲜有突破，阳明后学在传播中伴随着诸多创新，可谓精彩纷呈。《明儒学案》列出了王学的七个学案：浙中、江右、南中、楚中、北方、粤闽、泰州。在每个学案中，不同学者亦有自己独到的见解。仅浙中王门，《明儒学案》就列出了五卷，其中有诸多的争论探讨，比如钱德洪与王龙溪对于四句教的不同理解，成为阳明学研究的一大公案。

朱子学说本身未必意在禁锢人们的思想，但由于对人之心与情的担忧，使得后学过于强调理与性的客观面向，进而“不敢越雷池一步”。而思想的自由，对于学术突破是至关重要的。正是由于认可和推动思想自由，阳明学说才能够启发后学做出深入而广泛的思考与讨论。

4. 义利统一

在坚持义利之辨这一点上，阳明心学与传统儒学相同。不过，与贬低利益的儒家学说不同的是，阳明心学认为虽然利益不如道义那样根本，但也非常重要。也就是说，在不违背道义的前提下去追逐利益，是完全正当的。王阳明仍然坚持天理与人欲的对立，不过在他看来，正当的需求并不是人欲，而是合乎天理的。[①] 与带有禁欲主义色彩的程朱理学相比，阳明心学解放了人性中的需求。“知行合一”涵盖对效用的重视，从而达到了良好的现实效果，更能推进道义的落实。在阳明心学“知行合一”与“致良知”的模式下，义和利是相互促进的关系。

经济的发展离不开对需求与利益的追逐，这就需要赋予人们自利与利他之动机的正当性与合法性。单纯强调义务的学说，难以适应市场经济。在这种泛道德主义文化的压力下，人们在经商时会产生愧疚感与羞耻感。中国传统社会中“士农工商”的价值等级划分和“重农抑商”的社会政策，使商人蒙受“奸诈”的坏名声，也受到诸多限制，不能光明正大地去经营。浙

① 关于阳明思想中人欲、私欲的含义，参见卢盈华：《良知是如何被遮蔽的？——基于阳明心学的阐明》，《中国哲学史》2017年第4期。

东事功学派便起而反抗程朱理学。但是，事功学派具有功利主义的倾向，混淆了义利之辨，不能说服许多信奉儒学的人，因而只能成为地域流派，其影响难以波及全国。作为浙江学术与儒家学说的集大成者，王阳明综合了事功学派与程朱理学的优点，在坚持义利之辨的基础上，达成了义利统一，遂能够风行中国，乃至影响海外。

作为晚明的显学，阳明后学中的泰州学派更进一步地解放了人的需求。泰州学派声势浩大，代表人物有王艮、徐樾、颜钧、王襞、罗汝芳、何心隐、李贽、焦竑、周汝登等人。天理人欲，同体而异用。泰州学派倡导“百姓日用即是道”，崇尚自然，主张顺情从欲，正视人的生理和心理需求。泰州学派与阳明之学存在一定的差距。王阳明认为情欲本身并不能作为道德的基础。不过，正是由于对个人主体的尊重，阳明之学导向了泰州学派的理路：通过对自己与他人需求的满足，来实实在在地“致良知”。即便人们可以批评泰州学派混淆了天理良知与情欲，也无法否认其所具有的积极意义。泰州学派拒绝道德压迫和“以理杀人”。他们认可欲望不能作为伦理基础，但同时也明白，将欲望贬低为毫无价值，会导致更大的压抑人性的问题；而对个体欲望的压制，则会引发对个体创造性的压制。泰州学派的兴起，类似于西方的文艺复兴。文艺复兴便是以提倡理性和解放人欲为主旨的。晚明资本主义萌芽的出现，与情欲解放的潮流是分不开的。泰州学派的天理人欲同体异用的模式，进一步推动了儒学的世俗化，促进了经济与社会的发展。

一方面，阳明心学“义利统一”的观念赋予了人们经营商业的正当性，在黄宗羲“工商皆本”的说法那里得到遥相呼应。另一方面，“义利统一”也意味着，商人不仅要诚信经营以获取利益，而且要承担社会责任，积极地参与社会事务，推进慈善、文教等非营利的事业。古时富人典型的善举是拿出钱财办义庄，义庄中包括学校、公田、祠堂等设施。今天我们更应该发扬阳明心学中蕴含的社会担当之精神，以避免落入单纯的利己主义，或者沦为唯实用是从，而缺乏科学理性与人文关怀。

综上，阳明心学发源于浙江大地，综合前人的学说，推动了浙江精神的发展，塑造了浙江人包容开放、力行创新、民间活力、义利统一的特质。浙江奇迹并不神秘，内在的浙江精神是浙江经济和社会发展的动力。浙江经济腾飞，凭的便是民间的力行之魄力与开拓之信念。浙江文化不只是一个特殊的地域性文化，其内在的价值是普遍性的。浙江模式可以推广至全国，为推动我国高质量发展带来启示。

第五章

浙商的兴起与发展

第一节 浙商概念的界定与形成过程

一、浙商概念的不同属性及其界定

本书所述“浙商”涵盖自然人和法人两个维度。首先是自然人意义上的浙商，这是狭义的，也是一般语境下“浙商”所指代的内涵。自然人意义上的浙商又可分为两个层次：

一是从法律角度的界定。无论资产多少和组织形式如何，关键在于是否自主决策、自主经营并承担投资风险。包括私营企业主、个体工商户、各类股东、各类合伙人（涵盖农业合作社经营主体）以及投资主体多元化的混合所有制经营者等自然人市场主体。

二是从文化角度的界定。无论身处省内、省外还是海外，凡符合浙商文化内涵特征的，均属于浙商群体。总体而言，包括四类：浙江籍在浙江者、浙江籍在省外者、浙江籍在海外者（含华侨和华人）、非浙江籍在浙江者。

此外，在众多语境下，浙商群体还包括各类国有企业经营者。他们通常不持有公司股份，并非公司资产所有者，但实际承担企业决策、经营和管理职能，以企业家身份参与要素配置，是经济增长的重要驱动力，也是浙商群体的重要组成部分。

我们一般所述的浙商，就是上述自然人意义上的投资者经营者群体。此外，在很多场合，“浙商”的含义还包括浙商投资经营的各类市场主体，即法人意义上的浙商。

作为各类市场主体的浙商密度高且数量庞大。2023 年 8 月 10 日，浙江省在册各类市场主体数量突破 1000 万。全省每万人市场经营主体拥有量为 1520 户，平均 7 个人就有 1 户市场经营主体、19 个人就有 1 家企业。其中，民营经营主体达 967 万户，占据绝对优势，占比为 96.69%。[①] 浙江私营企业和个体工商户各类创业者密度之高，均为全国各省区之最。需要说明的是，这一数字不含省外、海外浙商。浙江省委政研室、浙江省经合办发布的《关于促进省外浙江人经济与浙江经济互动发展的调查报告》显示：截至 2010 年，在省外（不包括港澳台）经商办企业的浙江籍人员超过 600 万。这一时期应是省外浙商总量的高峰期。此后，由于浙江省大力实施“浙商回归”工程等，省外浙商总数不再明显增长。

除总量大、密度高之外，浙江省民营经济“两个健康”（民营企业健康发展、民营企业家健康成长）也在全国领先。改革开放以来，浙江省地区生产总值、人均地区生产总值、财政收入贡献度等，多年均位居全国前列，城乡居民人均可支配收入分别 22 年和 38 年位居全国各省区第一位。在中国民企 500 强排行榜上，浙商数量连续 25 年蝉联全国第一。由中央统战部、全国工商联共同推荐宣传的“改革开放 40 年百名杰出民营企业家”名单和受到中共中央、国务院表彰的“改革先锋”中，浙商上榜人数均为全国各省市之冠。在各类慈善榜和社会责任评价中，浙商也位居前列。2017 年 11 月，中华全国工商业联合会十二届一次执委会议选举产生了中华全国工

① 《浙江全力支持市场经营主体高质量发展》，《杭州日报》2023 年 8 月 16 日，第 1 版。

商业联合会第十二届领导班子。其中，知名浙商李书福、南存辉当选为全国工商联副主席，徐冠巨当选为中国民间商会副会长，王建沂、徐旭、徐冠巨、汪力成、胡成中、熊续强和鲁伟鼎当选为全国工商联十二届常务委员会委员。2002—2023 年，徐冠巨、南存辉、王建沂相继当选浙江省工商联主席，浙江成为全国唯一的连续五任省工商联主席均由民营企业家出任的省份。

由此可见，浙商是一个规模庞大、影响广泛、实力突出、分布全球的群体。这个群体是如何形成的呢？本章将从政治环境、社会历史、经济增长等层面，阐述当代浙商的萌芽、成长和壮大过程的不同阶段及其原因和特点。

二、浙商概念的衍传与展开

在浙江省工商业发展历史中，关于工商业者个人的明确文献记载可追溯到陶朱公范蠡。司马迁在《史记》中为其列传，他成为商人入史的第一人。浙江省工商业历史源远流长。隋唐以后，特别是宋元以来，浙江省的工商业活动，包括商品经济、异地贸易等，在全国处于领先地位。明清时期，出现了诸如“龙游商帮”和“宁波帮”的说法。[①]

中华人民共和国成立后，国内开始了对资本主义工商业的社会主义改造，打击投机商业，建立国营工商业和农村供销合作社的工作逐步在全国展开。从中华人民共和国成立后至改革开放前，与全国其他地方一样，浙江民间的自主工商业活动基本也处于低潮期。

改革开放后，浙商迅速崛起。1978 年，浙江全省仅有个体户 2 086 人，

---

① “龙游商帮”和“宁波帮”一般被认为是明清时期中国十大传统商帮中的两个。但“龙游商帮”这一概念形成于 20 世纪 90 年代，始于陈学文等学者的研究，历史上并没有这一说法。

差不多每 1.8 万人中才有一位个体工商户。[①] 也就是说,45 年间,具有可比性的浙江省个体工商业从业者总数增长了 3000 多倍,密度提高了 2000 多倍。[②] 1980 年,温州青年章华妹取得温州市工商行政管理局核发的个体工商业营业执照,成为改革开放后首位合法持证经营的个体户。1987 年,浙江省市场经营主体数量突破 100 万;2016 年,数量达到 500 万;2023 年,数量突破 1000 万。[③] 回顾浙江市场经营主体发展史,第一个 100 万用了约 7 年,从 900 万到 1000 万历时仅 12 个月。浙商,既是一个新兴的创业群体,也是一个新的现象,而"浙商"概念的明确提出和传播,则是从 20 多年前才开始的。

1999 年,浙江日报报业集团下属的《经济生活报》(《今日早报》前身)开设了一个名为"浙商名流系列访谈"的专栏。该报以每周一期、每期一个整版的篇幅推出"浙商"系列访谈。2000 年,在这组报道基础上再创作而成的《财富与未来——走近浙商》一书由浙江人民出版社出版,这是第一本与"浙商"概念有关的专著。该书初步解析了浙江民营经济活跃的众多因素中起决定性作用的"人的因素",受到一直推崇"浙江模式"的吴敬琏老先生的关注和肯定。吴敬琏先生还为书作序。这本书出版后,《中华工商时报》《南方日报》等全国 10 多家媒体刊发了大篇幅书评。

2003 年,"浙商"概念的社会认知得到普及,引起广泛社会影响的"风云浙商"评选在这一年开始启动。浙江省浙商研究会也在这一年开始酝酿筹备,浙商题材的书籍开始大量出现。

2004 年 7 月,《浙商》杂志创刊。这本杂志由浙江日报报业集团、浙江

---

① 《这就是浙商:洞见浙江经济蜕变路》,2019 年 12 月 27 日,https://www.zj.chinanews.com.cn/jzkzj/2023-06-15/detail-ihcqiqqx0674601.shtml,2023 年 12 月 17 日。

② 需要说明的是,这一统计数据仅涵盖注册地在浙江省行政区域范围内的各类市场主体,数量庞大的省外浙商群体未计算在内。

③ 《10000000! 浙江经营主体总量实现历史性突破》,2023 年 8 月 10 日,https://zjnews.zjol.com.cn/zjnews/202308/t20230810_26080676.shtml,2023 年 12 月 18 日。

广播电视集团和浙江省私营(民营)企业协会(现名为浙江省民营企业发展联合会)共同发起创办。由于定位准确、执行有力,《浙商》杂志获得了很大的社会影响力。

2007年,两大电视栏目同时推出,一个是浙江卫视的"天下浙商",一个是浙江电视台经济生活频道的"风云浙商"。

在此过程中,浙商群体快速壮大。从1998年中华全国工商业联合会每年发布"中国民营企业500强"起,浙江民营企业数量以25连冠遥遥领先。而在"2006年中国民营企业500强"榜单上,浙江民营企业上榜数达到203家①,占比超过四成。

2011年,首届世界浙商大会在杭州召开,2000余位海内外浙商代表从世界各地会聚在西子湖畔。时任浙江省委书记赵洪祝和时任浙江省委副书记、代省长夏宝龙亲自担任首届世界浙商大会主席。世界浙商大会是迄今为止规模最大、规格最高的全球浙商盛会。首届世界浙商大会的成功举办,标志着浙商群体在世界范围内登台亮相。

2013年10月,以"天下浙商的精神家园"为总体定位的浙商博物馆(一期)开馆,浙商博物馆由浙江工商大学、浙江省工商联、省经合办、省侨联、省社科联、浙报集团、浙江广电集团七家省级部门单位共同发起筹建,并由浙江工商大学主办。它全面展示了数千年来浙江经济的"人、物、事",特别是改革开放以来浙江民营经济的成长壮大过程和一千多万名天下浙商的创业创新史,成为传播浙商文化、弘扬浙商精神、展示浙商贡献的特色窗口,成为服务和凝聚天下浙商的重要平台。浙商博物馆先后成为中国侨联认定的首批"中国华侨国际文化交流基地"、浙江省工商联认定的首批"浙江省民营经济人士理想信念教育基地"、中共浙江省委

① 此处所说的203家仅涵盖由本土浙商创办、注册总部在浙江省范围内的民营企业,未包括浙商在省外创办的企业。

组织部认定的首批省级党员教育培训基地、浙江省社科联认定的首批省社会科学普及重点基地等；并先后在新疆和省内的嘉兴、温岭等地设立分馆或合作办馆。

2006 年 4 月，由浙江省社科联批准设立"浙商研究中心"，为省首批哲学社会科学重点研究基地，依托于浙江工商大学建设运行。这是浙江省首个专门以浙商为研究对象的综合性跨学科研究平台。2009 年 10 月，浙江工商大学浙商研究中心升格为浙江工商大学浙商研究院。2015 年 12 月，被认定为首批校级智库。2017 年 7 月，被认定为浙江省首批新型高校智库。2018 年 10 月，被认定为浙江省新型重点专业智库。经过长期努力，浙商研究院形成了独具特色的学术基础、研究范式和理论体系，推出了一大批有较强影响力的资政研究、理论创新与社会服务成果。

2015 年 10 月，承载着浙商使命、浙商精神、浙商信念和浙商辉煌的浙商总会在杭州成立。阿里巴巴董事局主席马云当选为第一届理事会会长，银泰集团董事长沈国军为执行会长，郑宇民当选为秘书长；吉利控股集团董事长李书福、复星集团董事长郭广昌等 10 人为副会长；娃哈哈集团董事长宗庆后、原青春宝集团董事长冯根生、传化集团董事长徐冠巨、正泰集团董事长南存辉为顾问。浙商总会立足于凝聚全球浙商之心、千万浙商之力，唱响"创业创新闯天下、合心合力强浙江"的主旋律，在更高水平上实现浙江经济和浙江人经济融合发展，力求成为全球浙商的"精神总部"和"温暖之家"。2022 年 12 月，正泰集团董事长南存辉当选为浙商总会第二届理事会会长。

随着浙商群体自身的发展壮大，在政府和社会各界人士的共同推动下，"浙商"概念为越来越多的海内外人士所接受。浙商被视为当代中国人数最多、分布最广、实力最强、影响力最大的具有共同区域文化背景的创业者群体，并逐渐成为引人注目、内涵丰富的经济文化品牌。

第二节　当代浙商兴起和成长阶段的划分依据

从过程上看，浙商成长大致可以划分为四个阶段：自发冲动发展阶段、政策推动发展阶段、引导融合发展阶段和转型升级发展阶段。

第一阶段为自发冲动阶段，时间为改革开放前后直至20世纪90年代初（1992年之前）。从现实情况来看，第一阶段还可以向前延伸至1978年党的十一届三中全会之前的农村社队企业时期，这一时期计划经济环境下的农村集体工业经济形态，为浙商的成长提供了最初的人力资本积累。

第一阶段的发展主要在于集体经济，个体私营经济占全省经济的比重还相当小。以工业为例，1984年，浙江全省非国有工业总产值首次超过国有工业；1987年，非国有工业总产值比重占到2/3，但其中集体工业占据绝对优势；直到1990年，在非国有工业增加值中，城乡集体工业占90.3%，城乡个体私营和外商及港澳台等非公有制工业全部相加仅占9.7%。① 在当时特定历史条件下，发展非公有制经济尤其是私营经济还受到很大限制。

第二阶段为政策推动发展阶段，时间为20世纪90年代初至90年代后期。这一阶段是非公有制经济大发展、企业经营者快速成长的关键时期。20世纪90年代初，特别是以1992年邓小平南方谈话和党的十四大召开为标志，这一时期极大地推动了改革开放进程，促进了生产力发展，直接推动了大量潜在创业者走上自主创业道路，催生了庞大的市场主体。

① 浙江省统计局课题组：《浙江非公有制经济发展状况及其分析》，《浙江社会科学》2002年第6期。

1997 年与 1991 年相比，浙江省经工商登记注册的个体工商户和私营企业分别由 100.3 万户和 1.1 万家增至 153.2 万户和 9.2 万家，从业人员由 155.8 万人和 16.9 万人增至 256.4 万人和 135.5 万人，注册资金由 40 亿元和 73 亿元增加至 219.9 亿元和 470.6 亿元，累计批准外商直接投资企业项目和协议外资金额也分别由 1370 个和 3.2 亿美元增至 1.46 万个和 70.4 亿美元。经过这一时期的努力，非公有制经济发展已越过不可逆转的“临界点”，非公有制经济增加值由 1990 年的 166 亿元增至 1997 年的 1 775 亿元，占全省 GDP 的比重由 18.5%上升到 38.3%。[①]

从全国来看，这一时期浙江发展非公有制经济颇有特色和成效。据 1995 年工业普查资料，当年浙江全部工业总产值占全国的 8.9%，而个体工业总产值占全国的 17.8%，私营工业总产值占全国的 23.8%。[②] “个私经济看浙江”成为流行语，浙江成为全国各地鼓励和发展非公有制经济竞相效仿的典型。

第三阶段为引导融合发展阶段，时间为 20 世纪 90 年代中后期至 2012 年。1997 年党的十五大报告明确指出：“非公有制经济是我国社会主义市场经济的重要组成部分。对个体、私营等非公有制经济要继续鼓励、引导，使之健康发展。”在此背景下，浙江省非公有制经济又有新的发展。非公有制经济增加值由 1997 年的 1 775 亿元进一步增加到 2001 年的 3 466 亿元，占全省 GDP 的比重由 38.3%上升到 51.4%，首次占据半壁江山。

第四阶段为转型升级发展阶段，时间为 2012 年至今。2012 年至 2022 年，浙江民营经济规模扩大，占比提高。民营经济增加值从 2.2 万亿元提高到 4.9 万亿元，总量翻了一番。民营经济增加值占全省 GDP 的比重从

---

① 浙江省统计局课题组：《浙江非公有制经济发展状况及其分析》，《浙江社会科学》2002 年第 6 期。

② 浙江省统计局课题组：《浙江非公有制经济发展状况及其分析》，《浙江社会科学》2002 年第 6 期。

2012 年的 63.8%提高到 2022 年的超过 67.0%。①

上述这四个阶段的划分，是比较通行的浙商成长阶段论。② 其划分主要聚焦浙商内在的发展动力，特别是以浙商群体的发展模式、核心驱动力和典型行为特征为标尺，强调发展逻辑的连续性，能够较为鲜明地体现浙商的成长逻辑和不同阶段差异，体现浙商从“生存型创业”到“战略型创新”的跃迁。此外，也有一些形象化的说法，比如说浙商从“做人家不愿意做的事情”到“做人家不敢做的事情”，再到“做人家做不了的事”。

在这里，我们则采用五阶段法，在时间上分为 1978 年以前、1978—1987 年、1988—1997 年、1998—2012 年、2012 年至今五个阶段。在这五个阶段中，其中 1978 年党的十一届三中全会召开、1988 年宪法修正案“私营经济”入宪、1999 年党的十五届四中全会决议发展混合所有制经济、2012 年之后中国经济发展进入新常态等“节点”，分别有相应的重大政策、法律的出台和实施，对全国非公有制经济发展和浙商成长产生了重大影响。而且，在每一个阶段内，也有浙商发展的起伏波动的变化，因此更加真实和符合实际。这种划分方式以重大制度变革事件为分界点，强调政策环境对浙商法律身份、产权结构和发展空间的阶段性重塑，能够更为明确政策与企业家互动的关键节点，尤其适合分析制度变迁与企业战略转型的关系。应当看到，浙商的成长是民间创新力与制度环境动态适配的结果。而对浙商发展的五阶段划分方法，将有助于更好地理解政策与企业互动及产权制度变革间的影响，能更精准地揭示浙商发展与宏观制度环境的动态适配关系，尤其适合分析政策驱动下的企业战略转型和代际演化，因而弥补了前

① 浙江省统计局：《民营经济助力共同富裕 改革赋能推动高质量发展——党的十八大以来浙江经济社会发展成就系列分析之二》，2022 年 9 月 16 日，http://tjj.zj.gov.cn/art/2022/9/16/art_1229129214_4996532.html，2023 年 12 月 19 日。

② 参见杨轶清：《浙商简史：从启蒙传承到超越》，浙江人民出版社 2013 年版，第 147 页。

述四阶段法的宏观视角缺失。也应当看到，不论是四阶段法还是五阶段法，两种划分本质上是互补的，各有优势，而后者对研究政策产业、代际传承与制度经济学更具不可替代性。

第三节　当代浙商形成发展的五个阶段及其主要特征

一、半自主创业阶段（1978 年以前）

1978 年以前，中国的经济体制是计划经济体制。受政策和体制的制约，个人自主创业的空间受到限制。这一时期主要是浙商自主创业能力和资源的准备阶段，为第一代浙商的崛起提供了人力资本供给。万向集团的鲁冠球、横店集团的徐文荣、精功集团的金良顺、万事利集团的沈爱琴、欧诗漫集团的沈志荣、海南亚洲制药集团的楼金等资深浙商，在 1978 年之前就开始从事工商业活动。虽然一直到允许自主创业时，他们形成的货币或实物资本原始积累很少，但他们在创业过程中积累的资源，如管理企业的经验、凝聚的人脉、拓展的市场网络等，为日后的自主创业提供了要素支撑。①

改革开放之前，浙江的“地下经济”在全国影响较大，在当时各种“运动”的打击下屡打屡兴。自 20 世纪 50 年代以来，浙江民间工商业虽然普遍受到抑制和打击，但在高压下顽强生存的小商小贩现象一直存在。汪俊昌、陈立旭等学者的研究表明：“在极左的政策高压下，因人地紧张而外出

① 他们一般都在社队企业担任负责人，身份是农民而不是工商业者，不拥有所在企业的产权，但拥有程度不同的决策自主权。

从事弹棉花、做木工、打金、挑糖担，以及随地设摊、沿街叫卖等手工业和小商小贩活动，在浙江可以说是屡禁不绝……20 世纪 70 年代，义乌县农业劳动力共有 20 余万人，而耕地只有 38 万亩，即使使用最落后的生产工具，也存在十几万的剩余劳动力。”①

二、自发创业阶段(1978—1987 年)

第二阶段为自发创业阶段，这一阶段的发展主要在于集体经济(乡镇企业)，非公有制经济占全省经济的比重还相当小。但国家、地方政府陆续出台了一系列政策，使个体私营经济得以初步发展。

1. 依附于集体经济的个体私营经济发展

这一阶段是个体经济与乡镇企业突出发展的阶段。从私营企业注册数量来看，这一阶段并不是最多的。② 但因为具有先发优势，在存续期长、经营绩效好、资产规模大的浙商企业群体中，这一时期开始创业的浙商占了多数。

20 世纪 80 年代初期到 90 年代，是浙商成长的一个关键时期，大多数在今日有较大成就的浙商均起步于这一时期(见图 5-1)。浙江省工商联 2003 年的调查结果显示，20 世纪八九十年代创办的企业合计占了 85%以上，其中 80 年代起步的约占 21%，虽然远远不及 90 年代，但 80 年代的重要性比之后来更为突出。③

---

① 汪俊昌、陈立旭等:《人文浙江:加快建设文化大省》，浙江人民出版社 2006 年版，第 84—85 页。

② 根据浙江省工商联 2003 年的调查统计，20 世纪 80 年代及以前创办的企业占浙商总数的 24.21%，而 20 世纪 90 年代创办(含改制)的企业则占到 64.33%。

③ 创业学理论认为，行业里跟随者的投资，平均要比开创者多 2.5 倍，才能获得与开创者同样的产出。这一点在如今的互联网行业表现得极其明显，比如网易的创业起始资金仅有 20 万元，5 年后，即便投入 20 倍于起初的资金，也难以获得同样的市场机会。

2010 年之前的历年浙江省民营企业百强榜单(从 2003 年开始)的前 10 名,均为 20 世纪 80 年代及以前开始创办的。即使那些创立时间在 20 世纪 90 年代以后的企业,其创始人也是在这个时候就开始走出第一步,以个体户或者供销员、管理人员、技术员等形式积累人力资本,到 20 世纪 90 年代外部宏观条件好转时才开始自立门户。因此,这一时期私营企业大面积发展实际上是此前积累的结果。

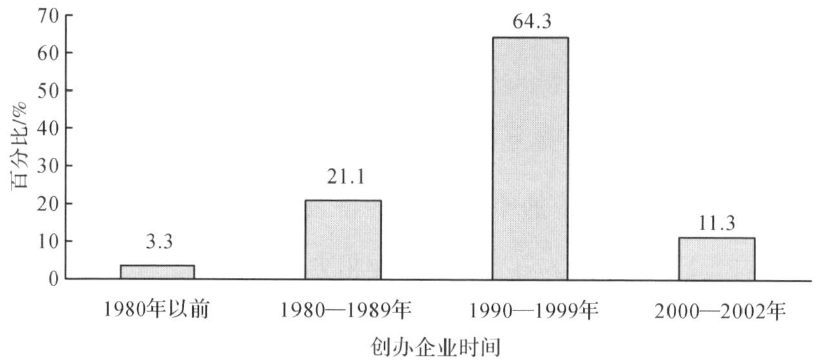

数据来源:浙江省工商联 2003 年调查统计。

图 5-1 浙商创办企业时间调查统计结果

2. 从社队企业转型为乡镇企业的过程中浙江拥有先发优势

1981 年国务院发布的《关于城镇非农业个体经济若干政策性规定》使个体户得到官方正式认可。党的十一届六中全会指出国有经济和集体经济是我国基本的经济形式,一定范围的劳动者个体经济是公有制经济的必要补充。党的十二大报告充分肯定了非公有制经济的积极作用,认为我国的非公有制经济和外商投资的发展对公有制经济而言是必要的、有益的补充,并明确提出鼓励个体经济发展。

1982 年 12 月 4 日,第五届全国人民代表大会第五次会议通过的《中华人民共和国宪法》第十一条规定:“在法律规定范围内的城乡劳动者个体经济,是社会主义公有制经济的补充。国家保护个体经济的合法的权利和利益。"这是国家根本大法第一次承认个体经济的合法地位。1984 年 3 月，中共中央、国务院转发农牧渔业部《关于开创社队企业新局面的报告》，同意报告提出的将社队企业改称乡镇企业的建议，并提出了发展乡镇企业的若干政策。

3. 第一代浙商"草根"出身比例较高

从社会成员结构来看，浙商主要的自然人来自农民。农民是浙商群体人力资本的最重要供应者，这一点毫无争议。迄今为止最早的一次较大规模的私营企业主调查是 1995 年浙江省工商联主持的，调查结果显示：出生地为乡镇或村的占了 84.8%，出生地为大中城市的仅有不足 5%。也就是说，农民出身的企业主占了绝大多数。[①] 从地点分布看，浙江省私营企业成立地在村的最多，超过一半。乡镇是私营企业最集中的地方，私营企业主的主要产业所在地和家庭所在地都以乡镇最多，而家庭所在地在大中城市的只有 3.2%（见表 5-1）。

表 5-1 浙江省私营企业主地点分布情况（1995 年统计）

单位：%

地点	大城市	中等城市	小城市	乡镇	村
出生地	2.3	2.0	10.9	28.5	56.3
家庭所在地	2.6	0.6	28.4	37.4	31.0
主要产业所在地	4.0	1.0	26.1	44.4	24.5

数据来源：浙江省工商联 1995 年调查统计。

1999 年同样口径的调查数据显示，浙商创业前职业构成没有明显变化。其一，以生活在农村的人为主，纯农民职业的占 28.7%。如果把创业前在乡镇或村从事各种职业的企业主都加在一起，占了 90% 以上。其二，

① 该次调查根据全国统一设计的"非公有制经济代表人士调查表"，按照当时私营企业户数的 0.7% 进行，由中共浙江省委统战部、浙江省工商联组织实施，数据截止时间为 1994 年底。

仍有62.4%的私营业主居住在乡镇或村，68.6%的私营企业办在乡镇或村。

2003年的调查结果出现较为明显的变化：私营企业主的来源没有明显变化，但私营企业主家庭所在地和企业所在地更多地向城镇集中(见表5-2)。这一次的调查结果显示，私营企业主81.0%出生在乡镇和村，已有73.5%的私营企业主在小城市和乡镇安家，84.6%的企业建在小城市和乡镇。1995年，私营企业主家庭所在地在大中城市的仅占3.2%，2003年已占10.9%。1995年家庭所在地在村的占31.0%，2003年仅占15.6%。

表5-2 浙江省私营企业主地点分布情况(2003年统计)

单位：%

地点	大城市	中等城市	小城市	乡镇	村
出生地	2.1	3.6	13.3	38.9	42.1
家庭所在地	3.5	7.4	39.8	33.7	15.6
企业所在地	1.1	3.7	36.8	47.8	10.6

数据来源：浙江省工商联2003年调查统计。

此外，私营企业主的出生地没有明显变化，但他们的家庭所在地和企业所在地出现从农村向城镇集中的趋势。这说明这些年私营企业创业者的出身背景，即社会阶层来源并没有显著变化，仍然以农村为主。但随着市场环境和竞争条件的变化，以及城市化的发展，人力资源等生产要素向城市集中的趋势越来越明显。

1995年、1999年和2003年的这3个调查结果，充分显示了浙商的“民间性”和“草根性”。第一代浙商九成为贫苦出身，八成出身于农民家庭。他们起步时往往一双空手，缺乏资金、技术、市场等几乎所有的要素积累，并且“离市场最远”，但他们恰恰是最具“企业家精神”的群体，不怕吃苦，务实勤奋，敢于冒险，低调节俭，敢于尝试创新乃至勇于突破。

“草根出身”的浙商与同一时期全国其他地方的私营企业主的创业前

职业分布情况差异比较大，即浙商与全国其他地方的同行的基础和起点不一样(见表 5-3)。1997 年全国私营企业主调查数据显示，全国私营企业主以农民身份开始创业的约占 16%，而同期浙商“前身”为农民的约占 80%。出现这一差别，一方面是由于统计口径的误差，另一方面则说明了浙商的“草根性”比全国其他地方的同行更为突出。

表 5-3 被调查私营企业主创业前职业情况

单位：%

原职业	1988 年以前创业	1989—1992 年创业	1992 年以后创业	合计
专业技术人员	1.9	4.3	4.9	4.6
企业干部	19.8	16.0	25.5	23.5
工人、服务人员	13.2	8.6	10.8	10.7
农民	20.8	17.9	15.8	16.7
个体户	35.8	46.3	36.9	38.2
其他或无业	8.5	6.8	6.1	6.5

数据来源：全国工商联 1997 年调查统计。

尽管浙商大多是农民出身，但其价值观中并不缺乏商业意识，并在外部条件具备的情况下在 20 世纪 70 年代后期开始萌芽。正因为浙商的“草根”出身，他们创业的第一步是在竞争要素供给不充分的条件下开始的，因此“小商品、小生意、小作坊”的“三小”成为他们的理性选择。

卢福营曾经以义乌市后乐村为观察对象，详细记录了农民转化为工商业者的过程。后乐村距廿三里镇约 1 公里。据 2000 年的数据统计，后乐村有农户 266 户，人口 801 人。20 世纪 70 年代中后期，在后乐村及周边村落的“鸡毛换糖”行业中逐渐分化和衍生出了一个新的行业——小百货经营。由于经营小百货获利较丰，其他村民在亲友带动下陆续加入小百货经营行列，从而在廿三里镇逐渐地形成了一个地下的小百货批发交易市场。这个小商品市场里的小商品经营者，成为后来驰名全球的义乌小商品市场的开创者。[1]

80年代以后，随着全国和义乌商品流通的极大发展，具有悠久经商传统和丰富经商经验的后乐人如鱼得水，迅速形成了后乐人“全民经商”的局面。据不完全统计，20世纪80年代，在义乌小商品市场和各地小商品市场摆摊或直接经营小百货的后乐人有近200人。如果加上他们的亲属，在当时总人口不足800人的后乐村，经商者约占据一半。如果除去小孩、学龄青少年和失去劳动能力的老年人，经商者占就业人口的比例更为惊人。

4. 农民获得独立的劳动力产权是浙商生成的逻辑起点和历史起源

严格地说，家庭联产承包责任制的实行才是浙商正式成为合法社会成员并拥有独立职业的逻辑起点和历史起源。只有在家庭联产承包责任制的制度支持下，世世代代以务农为生的农民才可能从土地上解放出来，获得职业的自由选择权，从而才使获得独立的劳动力产权成为可能。在此之前，工商业只是农民的“兼职和副业”。在脱离土地束缚之后，虽然务工经商者法定的社会户籍身份还是农民，但他们的收入均来自工商业。这是几千年来中国农民生存方式的历史性变迁，从深度、广度和跨度来说，都是空前的。

温州农民向工商业者的转化在党的十一届三中全会之前便已开始，当时更多的属于“地下状态”，严格来说并不属于正式的职业分化，因为作为职业主体的农民没有获得独立的劳动力产权，即当时的商业活动既不“合法”，也不能提供稳定的全额收入保证。

---

① 卢福营考证认为，从历史发展而言，当初后乐村等村的小百货经营者是廿三里镇最早的一批小商品经营者，也可以说是义乌小商品经营业的拓荒者。正是在这一背景下，人们把后乐村所在的廿三里镇视为义乌小商品市场和小商品经营业的发源地。参见卢福营：《农村非农化的村落特色及其启示——以浙江省义乌市后乐村为个案》，《中国农史》2005年第2期。

20 世纪 70 年代末，温州市委市政府和工商部门，对市区现有个体经营者进行了一次全面、深入的调查。该调查历时两个月，先后走访了 2 588 户，其中尚在经营的无证商贩有 1 242 户，在市区农副产品市场经营（属市工商局默认但不发证）的有 965 户，市区手工业户有 381 户。从人员来源看，待业青年及闲散劳力占 70%，其余包括农村嫁城妇女、支农支边返温青年、邻县农民等。[①] “地下包工队”“地下运输队”、民间市场和“黑市”也广泛存在。如平阳县的宜山一带，在 1957—1970 年间，土纺土织多次被打压，但还是顽强地存活了下来。1976 年宜山市场事实上已经存在，在公路还没有开通的时候，每天就有 100 多只船载着商品过来，3 000 多人在这里交易。1978 年，全县有社队企业 334 家，从业人员 14 003 人，总产值 3 836 万元。[②]

通过农村工副业的发展，到 1982 年，温州市郊区由过去 44 927 个劳力捆在 9 万亩土地上搞粮食生产，迅速变为 1 万多个劳力（约占总劳力的 30%）搞粮食生产，3 万多个劳力（约占总劳力的 70%）从事多种经营，搞商品生产，提高了农民收入。[③] 更重要的是，家庭工业和“两户经济”的壮大为日后个体私营企业的发展和浙商的发展壮大在能力上和队伍上做好了准备。到 1994 年，温州农民向工商业者的转化迎来了一个“分水岭”。这一年温州全市非农劳动力占乡村劳动力总数的比重首次超过农业劳动力，占 50.75%。[④]

---

① 参见《听温州首任“个体科”科长陈寿铸回忆当年改革往事》，2018 年 7 月 9 日，https://zjnews.zjol.com.cn/zjnews/wznews/201807/t20180709_7733945_ext.shtml，2023 年 12 月 18 日。

② 中共乐清市委宣传部、乐清市档案局（馆）、乐清市工商行政管理局等编：《乐清民营经济发展历程录》，经济日报出版社 2008 年版，第 3 页。

③ 相关内容来源于 1983 年戴洁天所著《温州工作通讯》（内刊）。

④ 王尚银：《市场化进程中的农民分化及其趋势——对温州的实证分析》，《浙江学刊》2003 第 5 期。

5. 家庭工业和商品市场是当代浙商孵化器

从社会经济形态，也就是组织业态来考察浙商来源，可以发现主要的两大"孵化器"为家庭工业和专业商品市场，这是大批量孕育浙商的"温床"。

家庭工业组织形式以生产资料的家庭（个人）占有为基础，依靠家庭自身的劳动力辅之以少量帮工，利用住宅作为生产场所开展加工工业。这类生产的技术要求不高，资金占用也不多，适合一家一户生产。以温州农村的家庭工业为例，其基本形态可以分为农户兼业工业、家庭作坊和家庭工场三种。家庭工业的发展也经历了几个不同的发展阶段，从一家一户为单位的标准型家庭工业，到联户型，再到初步具备企业组织形态的挂户型，其中有一部分最后转型成为公司制私营企业。

家庭工业的产生有农户家庭的"农→工"转化和社队企业的分化解体两个渠道。据《乐清县志》记载，20 世纪 70 年代初，柳市镇一些处在困境中的社队企业开始转向五金电器生产，产品有铰链、插销、开关、插座等小五金和小电器，年产值约 10 万元。这些社队企业是乐清私营企业的启蒙者，后来好多家庭作坊就是从这些社队企业中"分"出来的。据 1982 年乐清县委办《关于社队企业有关情况的调查》，当时一些社队企业给私人开发票、挂合同，收取管理费，家庭作坊多处在"半地下"状态。据统计，到 1978 年，柳市镇社队企业数增加到 421 家，从业人员达 31 598 人，总产值达 4 062万元，与 1976 年相比，几乎翻了一番。

社队企业部分蜕化为分人分户的个私企业。有的企业根据复杂工艺产品配套加工的需要，可自由选择人数，进行优化组合；有的企业现有设备、厂房流动资金、原材料等平均分到户或人，生产品种和任务各自确定，需要添置生产设备和增加人员（雇工）也各自处理，原企业只保留财务人员以管理印鉴和经济往来账目，其所得除按全年承包任务额交给大队、公社作为公积金外,剩余部分就作为盈利分红,各户除照章纳税外,还向企业上交5%左右的管理费。[①] 这样一来,社队企业实质上已蜕变为家庭工业户联合体。

根据戴洁天先生的调查,1984年,温州市农村家庭工业、联户工业已发展到13.3万家,从业人员达33万人,产值达7.5亿元,加上挂靠在村办企业的家庭工业产值2.2亿元,共有9.7亿元。[②] 在苍南、乐清、瓯海等县,家庭工业在全县经济中已占举足轻重的地位。例如,20世纪七八十年代苍南县辖金乡、钱库、宜山等地的很多家庭从事小商品加工,成千上万的购销员应运而生,一些乡镇或集体企业便应推销员要求,以企业的名义帮助推销员解决遇到的难题。这就是"挂户经营"的雏形。至1983年底,金乡镇有900户人家"挂户经营",产值达2630万元,比1982年翻了一番。1985年,金乡镇113户企业中开展挂户的企业有61家,占企业总数54%,挂户经营产值达3750万元,占全镇工业产值的91.46%。[③]

商品市场也是当代浙商的一个重要孵化器。浙江区域经济的一个突出特点是产业集群比较发达,而块状经济与专业市场相伴而生,二者共同构成了产业集群的主干。到1984年,温州市共有大小商品市场393个,年交易额达10.4亿元,每天有40万—50万人上市交易;393个商品市场中有专业市场135个,以每个市场300名经营户计算,市场经营主体就达到4万人。[④]

---

① 据现有资料分析估算,当时五金电器业务净利润一般在30%以上。

② 当时农村从事商品生产和经营的又叫"专业户、重点户"(简称"两户")。1982年12月,温州市委、市政府召开为期三天的农村专业户、重点户代表大会,温州市委书记袁芳烈明确提出,专业户、重点户是农村生产力的先进代表,是商品经济发展的带头人,应当给予鼓励与支持,并提出了"五个允许""五个支持"的10条政策,为温州私营企业发展鸣锣开道,大开绿灯。

③ 苍南新闻网:《开创"挂户经营"先河》,2008年10与12日,https://www.cnxw.com.cn/system/2008/10/12/010336382.shtml,2023年12月18日。

④ "浙江党史"官方微信公众号:《为什么说温州是浙江较早发展集贸市场的地区》,2022年10月25日,https://mp.weixin.qq.com/s/eZDEgcMT72GEyGV7qxfxhw,2023年12月18日。

许多知名浙商都有过市场设摊的经历。比如新光控股集团董事长周晓光，曾在省外流动经商7年后，于1985年在义乌第一代小商品市场里买下了一个摊位，开始固定经营饰品。比如森宇控股集团董事局主席俞巧仙，1987年就在义乌市场中的副食品市场摆起了摊位。

6. 自主创业前的浙商社会阶层和职业分布

2003年浙江省工商联的调查结果显示，在创业前的职业中，“企业干部”成为仅次于“工人和农民”的一大来源。这里的“企业干部”主要指的是乡镇集体企业的管理人员，他们从集体企业大批离职，是浙商群体成长和块状经济形成的重要人力资源保证。

以浙南商贸重镇乐清虹桥为例。1983年之前，该地区发展有点类似于“苏南模式”，集体所有制企业发展迅速。乐清县机电仪器厂、乐清县机械二厂、乐清县无线电二厂、乐清县机电设备厂、虹桥木器厂、乐清县塑料厂、乐清县仪表元件厂、虹桥蓄电池厂、乐清县工业缝纫机厂等集体、社队企业相继建成，并初具规模；地方国营企业乐清罐头厂、酿造厂经营业务不断扩大，味精厂建成投产。1978年，虹桥有各类公有制企业60家，产值812万元。1982年，虹桥镇工业总产值达到1 100万元，集市贸易成交金额超1亿元，上缴税金数百万元，经济实力名列温州市首位。[①] 1983年4月，乐清县工业经济会议召开。在会上，虹桥镇有23家国营、集体企业荣膺优胜企业称号，27名厂长(负责人)胸戴红花上台领奖。也正是在这一年，与柳市镇一样，虹桥大部分企业的技术人员成群结队地跳槽离岗，自谋生路，因此衍生出了后来数以千计的民营企业，而没有像“苏南模式”那样继续发展集体企业。1979年，已经是国营企业副厂长的郑秀康做出了一个在今天看来有些不可思议的决定，跟十五六岁的孩子一样拜师学做鞋。因为白

---

① 杨轶清:《草根生长——浙商成败的现象与规律》，浙江人民出版社2009年版，第12页。

天还要在机械厂上班，郑秀康只能偷偷学习制鞋技术，晚上熬夜赶制。仅仅一个半月后，郑秀康就做出了自己平生的第一双皮鞋，而这一过程一般人要两三年。后来33岁的郑秀康向单位正式提出了辞职，下海当了一名小鞋匠。1985年，在8平方米的小房子里做了5年个体户作坊的郑秀康正式申请办厂，铸就了今日“中国真皮鞋王”之一的康奈鞋业的事业。

供销员大军也是浙商人力资本的重要来源之一。1981年温州乐清柳市镇生产低压电器的家庭企业达到了300多家，1984年增至1 000多家，从业人员超过5万人，供销员有1万多人，整个温州地区供销员队伍达到10万人。[①] 据估算，高峰时，供销员占全部工商业从业者的比例达到25%—30%。[②] 温州供销员不仅人数众多，还具有游离于乡镇企业和家庭工业的特点。他们有些并不附属于某一个厂，而且以挂靠的形式先挂在某一个单位(一般挂靠在乡镇政府下属的工业公司)，他们联系的业务可以随便到任何一个工厂采购，这样使温州家庭工厂变成了只管生产的一个角色，供销员有权决定到哪一个家庭工厂采购产品，所以他们的作用很大。

供销员在走南闯北的推销实践中，增强了对风险的承受能力与对机遇的把握能力。与此同时，他们的身份与职业也赋予了他们强大的资源集聚能力。因此，供销员成为浙商的重要来源。如今温州的知名企业家大多具有供销员经历。如正泰集团的南存辉、德力西电气的胡成中、奥康集团的王振滔、红蜻蜓集团的钱金波等，都曾是供销大军里的一员。2003年浙江省非公有制经济代表人士情况调查结果显示，在“军人、机关干部、企业干部、乡镇干部、学生、教师、个体户、供销员、营业员”等各种职业中，“供销

---

① 亦有学者估计，温州市的供销员在20世纪90年代中期(高峰时期)可能达到百万之众。这一数字可能包含了相当多的温州在外地的创业者，而不仅仅是供销员。

② 《温州模式 中国改革开放的范本——纪念改革开放三十年温州特别报道之一》，《大公报》2008年12月18日，第A41版。

员”的比重仅次于“企业干部”，是被调查私营企业主创业前人数排在第二的职业（见表 5-4）。①

表 5-4　被调查私营企业主创业前的职业构成

单位：%

职业	工人	农民	军人	机关干部	企业干部	乡镇干部	学生	教师	个体户	供销员	营业员	其他	无职业
占比	14.8	35.6	2.1	3.5	13.3	2.5	2.1	3.5	7.5	8.9	1.9	3.3	1.1

数据来源：2003 年浙江省非公有制经济代表人士情况调查统计。

需要说明的是，2003 年的调查结果与 1995 年和 1999 年的相比，创业前职业身份为“农民”的私营企业主大为减少。其原因主要有三个方面：其一，问卷设计有所不同，2003 年选项中罗列了“个体户、供销员”等 10 余种职业，事实上这些从业者的“前身”，或从户籍而言可能都是农民；其二，最初的调查对象是按所有私营企业主的 0.7%抽样而来，而后来的调查对象则是“非公有制经济代表人士”，二者的社会职业来源有所不同；其三，2003 年的调查对象已经涉及许多 20 世纪 90 年代甚至 21 世纪后创办私营企业的企业主。

三、曲折而快速成长的自觉适应阶段（1988—1997 年）

第三阶段为自觉适应阶段，时间跨度大致为 1988—1997 年。这一阶段的特点是尽管发展过程有曲折反复，但仍是非公有制经济大发展和经营者快速成长的关键时期。

1. 浙商成为全国非公有制经济发展的典型

1988 年 4 月，第七届全国人民代表大会第一次会议通过的《中华人民共和国宪法修正案》第一条规定：“宪法第十一条增加规定：‘国家允许私营

① 出于对调查对象的理解等原因，“企业干部”也可能包括部分供销员或有供销员经历的人员。

经济在法律规定的范围内存在和发展。私营经济是社会主义公有制经济的补充。国家保护私营经济的合法的权利和利益，对私营经济实行引导、监督和管理。'"国家根本大法再次对实践作出积极反应，确定了私营经济的法律地位和经济地位。1987 年和 1988 年，国务院先后颁布了《城乡个体工商户管理暂行条例》和《中华人民共和国私营企业暂行条例》。这两个条例的出台，进一步促进了个私经济的发展。私营企业如雨后春笋般冒出来，截至 1988 年底，全国已有 1 000 多万个体户和私营企业。

1997 年与 1991 年相比，浙江省经工商登记注册的个体工商户和私营企业分别由 100.3 万户和 1.1 万家增至 153.2 万户和 9.2 万家，从业人员由 155.8 万人和 16.9 万人增至 256.4 万人和 135.5 万人，注册资金由 40 亿元和 73 亿元增加至 219.9 亿元和 470.6 亿元，累计批准外商直接投资企业项目和协议外资金额也分别由 1 370 个和 3.2 亿美元增至 1.46 万个和 70.4 亿美元。经过这一时期的努力，非公有制经济发展已越过不可逆转的"临界点"，非公有制经济增加值由 1990 年的 166 亿元增至 1997 年的 1 775 亿元，占全省 GDP 的比重由 18.5%上升到 38.3%。①

从全国来看，这一时期浙江发展非公有制经济很有特色和成效。据 1995 年工业普查资料，当年浙江全部工业总产值占全国的 8.9%，而个体工业总产值占全国的 17.8%，私营工业总产值占全国的 23.8%。"个私经济看浙江"，浙江成为全国各地鼓励和发展非公有制经济竞相效仿的典型。

2. 发展浙商的政治和法律环境逐渐完善

然而，改革并不是一帆风顺的。1988 年下半年以后，国家宏观经济运行出现失衡，私营经济的外部环境越发紧张。1989 年出现了一股主张限

---

① 浙江省统计局课题组：《浙江非公有制经济发展状况及其分析》，《浙江社会科学》2002 年第 6 期。

制中国私营经济发展的理论思潮。在政策执行方面，一些部门借治理整顿的机会，采取了不利于中国私营经济生存和发展的措施，从而不少私营企业主对中国私营经济的发展前景失去信心，采取了“一献”（主动把企业献给集体）、“二靠”（主动挂靠公有制企业集体、或单位）、“三减”（减少雇工并缩小规模）、“四改”（改造为股份合作制，改变企业性质）、“五停”（歇业停业，注销企业）等方式，以应对“形势变化”。

1992 年，党的十四大确立了建立社会主义市场经济的改革目标，肯定了要建立以公有制包括全民所有制和集体所有制为主体，个体经济、私营经济、外资经济为补充的所有制结构，进一步解放了人们的思想。

1993 年，党的十四届三中全会摒弃了将非公有制经济作为公有制经济补充的观点，提出坚持以公有制为主体，多种经济成分共同发展的方针，指出国家要为各种所有制经济平等参与市场竞争创造条件，对各类企业一视同仁。1997 年，党的十五大在所有制理论上作出重大突破，把“公有制为主体、多种所有制经济共同发展”作为社会主义初级阶段的一项基本经济制度，又在理论上和制度上保障了民营经济的发展。

1998 年，党的十五届三中全会进一步提出要发展混合所有制经济，提出通过规范上市、中外合资和企业互相参股等形式，将宜于实行股份制的国有大中型企业尤其是优势企业改为股份制企业。

3. 去“红帽子”和市场主体身份的还原

在相当长的历史时期，存在一种特殊产权关系的企业形态：由个人实际出资并承担经营风险，但在工商登记上企业性质为集体企业，俗称戴“红帽子”。名为集体、实属个人私有的“红帽子”企业是 20 世纪八九十年代的普遍现象。由于意识形态和政策管理的原因，戴“红帽子”对私营企业来说，既可免除歧视，又能享受到集体企业某些优惠；对于接受挂靠的部门来说，既有企业户数和产值方面的政绩，又有挂靠费用收入。这种产权扭曲的经济现象，通过制度赎买，降低了企业准入的体制成本和所有制风险，客观上成为早期哺育很多浙商的“产房”。

然而，“红帽子”对于民营企业是利弊并存的双刃剑。特别是在当时存在制度性歧视、意识形态偏见和生存压力的社会背景下，这种方式无疑推动了民营企业的初创发展，但也只能满足一时之需，而非企业扩大规模、持续发展的长久之计。到了20世纪90年代后期，尤其是1997年党的十五大提出“非公有制经济是我国社会主义市场经济的重要组成部分”这一论断，民营经济的合法地位逐步确立，“摘帽潮”由此出现。在此背景下，浙商进一步解放思想、转变观念，诸如娃哈哈、万向、正泰、德力西等浙商企业通过灵活运用产权界定和转移、改制重组、工商登记变更、诉讼与协商等管理方式，逐渐从挂靠到自主产权经营，成功走向现代企业治理。可以说，“去红帽子”是浙江民营经济从灰色地带走向制度阳光的重要标志，是国家治理现代化、法治化推进的必然结果，不仅提高了企业效率和产权清晰度，也为促进资本市场发展与企业家精神释放提供了良好的制度环境。

4. 集体企业的改制赋予自然人产权和经营权

除了特定时期“红帽子”企业的身份还原，从生成浙商的社会单位来源来说，包括国有、集体等公有制形式的企业改制转换，是最主要的法人主体来源（而农民等属于浙商的自然人来源）。2003年浙江省非公有制经济代表人士情况调查结果显示，私营企业主所经营企业前身为国有或集体的数量，是前身为个体户的3倍以上（见表5-5）。其转化的方式包括在企业转制过程中产生拥有产权和经营自主权的企业家，以及原先集体企业干部脱离体制进行自主创业。

表 5-5　被调查的私营企业注册登记的性质构成

单位:%

企业性质	私营	城镇集体	农村集体	国有	股份制	港澳台	股份合作	外资	个体户	联营
占比	27.8	13.9	19.8	6.7	10.5	0.8	4.1	2.3	12.1	2.0

来源:2003 年浙江省非公有制经济代表人士情况调查统计。

企业转制是浙商特别是较大经营规模浙商的重要来源,它不但形成了产权清晰的市场主体,同时造就了自主经营、自担风险的经营主体。根据 2003 年的调查,私营企业主经营的企业前身属于集体或国有的占 40.4%。① 截至 2002 年底,浙江省 8.4 万家国有和集体企业中,96.7%已完成转制任务,88.9%已完成劳动关系改革。只有 12.1%的私营企业是从个体户发展起来的。② 2007 年的调查结果与 2003 年的相近(见表 5-6),城镇集体、农村集体和国有企业减少的幅度最大,而增加最多的是私营企业和股份制企业,其中股份制企业增加的幅度最大。

表 5-6　被调查企业开业注册的性质构成

单位:%

企业性质	私营	城镇集体	农村集体	国有	股份制	港澳台	股份合作	外资	个体	联营
占比	38.5	15.4	11.4	10.9	10.9	1.0	3.3	2.0	5.3	1.3

来源:2007 浙江省非公有制经济代表人士情况调查统计。

但是同一机构同样口径的调查,1995 年的结果与 2003 年和 2007 年的差异非常明显(见表 5-7)。1995 年,只有 6.3%的私营企业由城镇集体、农村集体和国有企业转制变更登记而来,“原生态”私营企业(即创立时就

① 这一比例与全国平均水平相比并不算高,低于同样是民营经济大省的江苏和山东。

② 这一数据与人们的主观感受有所差异。原因在于:一方面,这是该调查对象为非公有制经济“代表人士”,也就是规模较大的私企;另一方面也说明个体工商户并不具备自然生长转化为私营企业的能力。比如义乌小商品城的第一代个体工商户,多年以后大多数仍然从事个体经营,规模上和经营管理方式上都没有向公司制和现代企业管理转型。

登记为私营企业）占全部私营企业总数的比重达到50.2%，比2003年的27.8%多了将近一倍。这说明1995年之前大范围的国有集体企业转制还没有铺开，当时“嫁接型”私营企业还比较少。从1995年到2003年，“原生态”民营企业比重减少，“嫁接型”企业比重增加，这一变化过程就是产权明晰的过程，就是作为资本人格化的浙商的发育过程，也是资产量化和合法化的过程。

表5-7 私营企业注册登记性质变更情况

单位：%

注册性质	国有	城镇集体	农村集体	联营	股份	三资	私营	个体
当时注册	0.3	7.4	16.4	6.4	1.7	0.3	50.2	17.3
目前注册	0	2.3	4.0	1.7	4.3	0.3	85.4	2.0

来源：1995年浙江省私营企业抽样调查统计。

四、加速融入全球化的大发展阶段（1998—2012年）

第四阶段为加速融入全球化的大发展阶段。1999年3月，第九届全国人民代表大会第二次会议通过宪法修正案，规定：“在法律规定范围内的个体经济、私营经济等非公有制经济，是社会主义市场经济的重要组成部分。”2000年1月1日起，《中华人民共和国个人独资企业法》开始实施，意味着以往根据所有制性质认定企业的做法逐渐消亡，歧视性的规定在法律层面将会终结。2000年10月通过的《中共中央关于制定国民经济和社会发展第十个五年计划的建议》，要求进行“所有制结构调整”，要求各级政府“不直接干预企业经营活动，减少对经济事务的行政性审批”；最引人注目的是，过去法律对私营企业的方针一直是“引导、监督和管理”，这里则第一次提出“支持、鼓励和引导私营、个体企业尤其是科技型中小企业健康发展”。2002年，党的十六大报告在私营经济发展问题上又强调了四项突破，即第一次明确提出了“必须毫不动摇”问题，第一次使用了“支持”的概念，“放宽市场准入”的公开宣布和“完善保护私人财产的法律制度”主张的严肃提出，使多年来广大民众、特别是私营企业主普遍担心的私人财产法律保护问题基本上得到解决，曾经妨碍民营经济发展的政治、法律和制度不健全、不完善的障碍逐步得到克服。沿用了18年的“乡镇企业”这一名称也退出历史舞台。2002年以后，随着主管机构的调整，“民营企业”逐渐取代“乡镇企业”，成为它们新的身份标签。

在这一时期，随着中国加入世贸组织（WTO），中国经济加速融入世界经济的大舞台。特别是民营企业，在享受发展红利的同时，积极投身于全球产业链的分工，从而获得了广阔的发展空间。

在浙江省，除上述全国共同政策之外，2003年部署实施的“八八战略”成为浙江省域发展的总体方略。这是时任浙江省委书记的习近平同志经过深入调查研究和系统思考谋划，为浙江量身制定的省域发展全面规划和顶层设计，指引浙江率先开启了省域现代化先行探索。“八八战略”开宗明义第一条，就是“进一步发挥浙江的体制机制优势，大力推动以公有制为主体的多种所有制经济共同发展，不断完善社会主义市场经济体制”，就是不断改革，完善市场经济体制，促进经济发展。

2000年浙江省GDP为6 030亿元，2010年达到2.7万亿元，比2000年增长了3.5倍。2010年，约占全国人口4%的浙江人，在仅占全国1%的土地上创造了全国7%的经济总量，人均生产总值达5.2万元。“八八战略”实施20年来，全省GDP总额连跨7个万亿级台阶，浙商群体整体实力进一步增强，民营经济这块金字招牌擦得更亮。

五、新常态高质量发展阶段（2012年至今）

第五阶段是从2012年党的十八大召开至今，中国经济经历了从高速增长到新常态的换挡，国有、民营、外企三驾马车在经济的起伏中保持了增长的韧性，民营经济在 GDP 中的占比从 50%上升至 60%以上，并贡献了五成以上的税收、七成以上的技术成果和八成以上的城镇劳动就业岗位。

2012 年 11 月，党的十八大针对民营经济发展中的不公平问题明确提出，各种所有制经济依法平等使用生产要素、公平参与市场竞争、同等受到法律保护。2013 年 11 月，党的十八届三中全会通过了《中共中央关于全面深化改革若干重大问题的决定》，明确提出公有制经济和非公有制经济都是社会主义市场经济的重要组成部分，都是我国经济社会发展的重要基础，并强调公有制经济财产权不可侵犯，非公有制经济财产权同样不可侵犯。2016 年 11 月，中共中央、国务院发布《关于完善产权保护制度依法保护产权的意见》，更加明确地要求保护私人财产权利。2017 年 9 月，中共中央、国务院印发了《关于营造企业家健康成长环境弘扬优秀企业家精神更好发挥企业家作用的意见》，把尊重和保护企业家的重要性提升至一个新的高度。2017 年，习近平总书记在党的十九大报告中明确指出，清理废除妨碍统一市场和公平竞争的各种规定和做法，支持民营企业发展，激发各类市场主体活力。2021 年 11 月召开的党的十九届六中全会，重申要坚持"两个毫不动摇"，构建政商亲清关系，促进非公有制经济健康发展和非公有制经济人士健康成长。2022 年，党的二十大报告指出，要构建高水平社会主义市场经济体制，坚持和完善社会主义基本经济制度，毫不动摇巩固和发展公有制经济，毫不动摇鼓励、支持、引导非公有制经济发展；明确提出要完善产权保护、市场准入、公平竞争、社会信用等市场经济基础制度，营造市场化、法治化、国际化一流营商环境；还强调要优化民营企业发展环境，依法保护民营企业产权和企业家权益。这标志着我国坚持和完善产权保护制度的伟大实践将进入一个新的发展阶段，民营企业家的人身财产安全和每个公民的合法权益将得到更加有效的保护，对于激励广大民营企业家放心投资、安心经营、专心创新、用心发展意义重大。

除了上述一系列的法律法规政策，习近平总书记还发表系列讲话，关注关心民营经济发展和民营企业家成长。

2016 年 3 月 4 日，习近平看望出席全国政协十二届四次会议的民建、工商联委员，并参加联组会，会上发表了关于非公有制经济健康发展的重要讲话，第一次提出了构建“亲清”新型政商关系的新论断。“亲”“清”揭示了我国新型政商关系的本质，不仅让政商双方在交往中都有规可循，更给领导干部如何与民营企业家打交道划出底线，也给非公有制经济健康发展和民营企业家健康成长指明了道路。

2018 年 11 月 1 日，习近平在民营企业座谈会上作了重要讲话，充分肯定了民营经济在国民经济中的“五六七八九”的作用特征，回应并批评了社会上的“一些否定、怀疑民营经济的言论”，明确指出“任何否定、怀疑、动摇我国基本经济制度的言行都不符合党和国家方针政策，都不要听、不要信”，提出了要“正确认识当前民营经济发展遇到的困难和问题”，克服“发展中的困难、前进中的问题、成长中的烦恼”，努力“实现更大发展”，同时指出党和国家要为民营经济健康发展创造更好条件。

党的十八大以来的 10 年间，浙江民营经济规模不断扩大、占比不断提升。民营经济增加值翻了一番，民营经济增加值占 GDP 比重增长近 4 个百分点。根据常住人口推算，2023 年浙江每 7 人中就有一位老板，而 2012 年浙江每 17.6 人中才有一位。这意味着 10 年来浙江“民营老板率”亦翻了一倍。[①]

2023 年，浙江经济主要指标出现多个史上重要统计数据的突破：一是到 8 月 10 日，全省在册各类市场主体首次突破 1 000 万户，到年底达到 1034 万户，其中民营企业、个体工商户分别为 333 万户、699 万户；二是截

① 浙江省统计局：《民营经济助力共同富裕 改革赋能推动高质量发展——党的十八大以来浙江经济社会发展成就系列分析之二》，2022 年 9 月 16 日，http://tjj.zj.gov.cn/art/2022/9/16/art_1229129214_4996532.html，2023 年 12 月 19 日。

至2023年末，仅民营企业和个体工商户就突破一千万大关，达到1001万户；三是到2023年末，浙江省GDP总量首次突破8万亿元大关；四是全省有进出口实绩民营企业数量首次突破10万家，合计进出口3.93万亿元，增长7.1%，占全省进出口比重首次超过80%，拉动全省进出口增长5.6个百分点。[①]

空间分布广、全球化生存，是浙商群体的显著特征之一。2012年的数据显示，浙江省有近700万人在省外投资创业，投资总额近4万亿元，创造的经济总量大约是同期浙江省GDP的80%。“浙江人经济”规模庞大，这是浙江对中国的特殊贡献。

2011年，为发挥浙商巨大能量，促进浙江经济与“浙江人经济”融合发展，合力共推浙江继续走在全国前列。浙江省委、省政府召开了以“创业创新闯天下、合心合力强浙江”为主题的首届世界浙商大会，在广大浙商中引起强烈反响。此后，浙江省委、省政府准确把握浙江省情和浙商需求，出台了《关于支持浙商创业创新促进浙江发展的若干意见》，“浙商回归”工作拉开序幕。

“浙商回归”的提出与确立，基于特定的时代背景，很快成为社会各界的共识，2012年上升为浙江省“一号工程”。

浙商回归发展、融合发展、循环发展，是当代浙商新常态高质量发展阶段的突出特点。2023年浙江省委召开“新春第一会”系统部署三个“一号工程”，提出实施“地瓜经济”提能升级“一号开放工程”，打造更具韧性、活力、竞争力的“地瓜经济”，让地瓜的藤蔓伸向四面八方、全球各地。浙江省很早就认识到，“浙江经济”与“浙江人经济”的关系，就像“地瓜藤”，藤蔓覆盖越广，受益地域就越多，而根部的地瓜长势也越好。浙商源于浙江，根在

① 《2023年浙江省国民经济和社会发展统计公报》，2024年3月4日，https://tjj.zj.gov.cn/art/2024/3/4/art_1229129205_5271123.html，2024年6月12日。

浙江。因此，既要创造条件、营造氛围、搭建平台，积极引导浙商回归发展，也要支持和鼓励浙商走出去发展。把在外浙商与浙江经济更加紧密地联结起来，形成“天下浙江一家”的有机整体，从而为“全国一盘棋”做出更大贡献。

在当代浙商形成与发展的第五阶段，新生代浙商的成长壮大是这个阶段的重要特征。2020 年，中共中央办公厅印发《关于加强新时代民营经济统战工作的意见》，提出要“制定实施年轻一代民营经济人士健康成长促进计划，加大教育培养力度”。

浙江省出台的《关于加强新时代浙江民营经济统战工作的实施意见》和《关于建设高素质强大人才队伍打造高水平创新型省份的决定》都明确提出要大力实施“浙商青蓝接力工程”。这既是浙江省民营经济统战工作的重要内容，也是关乎浙江省民营经济持续发展的关键所在。

中共中央政治局常委、国务院总理李强同志在浙江工作期间，非常关心新生代浙商的成长，在不到 4 年时间里曾先后 4 次专题调研和座谈新生代企业工作。全国首个省级新生代企业家统战组织——浙江省新生代企业家联谊会，就是在李强同志的亲自提议和推动下成立的。2012 年 9 月 7 日，李强在杭州首次调研新生代企业家队伍建设。他先后考察了万事利集团有限公司、娃哈哈杭州宏胜饮料集团和胜达集团有限公司等 3 家由新生代企业家经营管理的企业，了解企业新老交替后的生产经营情况，并召开有 13 位新生代企业家参加的专题座谈会，就加强新生代企业家队伍建设听取意见和建议。2014 年 7 月 2 日，李强第二次在杭州调研新生代企业，并主持召开有 17 位新生代企业家参加的座谈会，听取他们的创业经历和对浙江省加快推进经济转型升级的意见建议。2014 年 12 月 22 日，李强再次在杭州调研青年创业创新工作，并主持召开青年创业创新座谈会，希望有志于创业的年轻人来浙江发展，勇立创业创新潮头，在实现自身价值的同时，推动浙江经济社会持续健康发展。

2016年5月6日，李强在杭州调研新生代企业，并主持召开新生代企业家座谈会。

2021年，浙江省印发了《关于实施“浙商青蓝接力工程”加强新生代企业家教育培养工作的意见》。通过实施“浙商青蓝接力工程”，引导新生代企业家做好政治传承、事业传承、社会传承、文化传承，着力培育一支政治上有方向、经营上有本事、责任上有担当、文化上有内涵的新生代企业家队伍，使新生代浙商成为全国标志性群体，打造浙江又一张“金名片”。

“新生代企业家”这一范畴，并非仅指二代企业，还涵盖众多年轻的优秀创业者。而浙商要传承的，也绝非仅仅是财富。“浙商青蓝接力工程”旨在强化新生代企业家的教育培养，引导新生代企业家有序开展政治传承、事业传承、责任传承、文化传承，努力实现“青出于蓝而胜于蓝”的愿景。

第六章 浙商精神的内涵与演进

基于浙学传统和浙商实践研究，可进一步剖析浙商精神的关键地位。我们认为，在浙学传统与浙商实践互动过程中所形成的浙商精神，与浙学传统一脉相承，并指引浙商实践不断迈向新的高度，由此构建了“浙学传统—浙商精神—浙商实践”的分析框架。围绕这一框架，我们归纳了浙商精神的内涵及其时代呈现，并提炼了浙商精神在沟通浙学传统与浙商实践中所发挥的重要作用。浙江的区域文化，特别是浙学传统，构成了浙商发展的先天文化禀赋，为现代浙商的崛起奠定了文化基础。那么，在浙学传统影响下演绎而成的浙商精神，则构成了现代浙商崛起的文化基因，驱动了浙商的蓬勃发展。

我们认为，浙商精神是浙江商人/企业家群体在长期实践中所形成的价值观念和行为准则；浙商精神的内涵在浙学传统的互动中生成与演进；浙商精神内涵界定的合法性源自浙学传统的一致性。对于浙商精神的历史呈现，我们以宁波商帮为例，分析了改革开放之前的浙商精神内涵，即勇于开拓、善于创新，敬业乐群、结帮经营，以德为业、诚信为本，克勤克俭、施仁布泽。随后，我们重点分析了浙商精神的具体表现。首先是在改革开放初期浙商生存型创业阶段的“四千”精神和“两板”精神。其中，“四千”精神是指“走遍千山万水、说尽千言万语、想尽千方百计、吃尽千辛万苦”；“两板”精神是指“白天当老板，晚上睡地板”。其次是浙商转型升级阶段的“新四千”精神，即“千方百计提升品牌，千方百计拓展市场，千方百计自主创新，千方百计改善管理”。最后是新时代浙商高质量发展阶段的浙商精神表述。一方面，体现为新时代浙商企业的使命陈述中浙商精神的四个维度，即追求卓越、基业长青，合作创新、与时俱进，匠心奋斗、积极乐观，责任担当、绿色发展；另一方面，体现为浙江省委提出的“坚忍不拔的创业精神、敢为人先的创新精神、兴业报国的担当精神、开放大气的合作精神、诚信守法的法治精神、追求卓越的奋斗精神”。

在此基础上，可进一步明确浙商精神在沟通浙学传统和浙商实践的两大作用，即作为重要成果和作为内在动力的核心存在。对于作为浙学传统重要成果的浙商精神，我们重点聚焦改革开放之后的历史阶段，认为改革开放为浙学传统在浙江工商业的落地提供了绝佳的制度环境；浙学传统为浙商精神的凝练提供了丰富的“文化工具箱”；浙商精神的形成是结合改革开放场景和浙学传统的“翻译”过程。对于作为浙商实践内在动力的浙商精神，我们主要采用新组织制度理论的基本框架，认为浙商精神主要通过规范性和文化—认知性力量来影响浙商实践。具体来说，规范性力量主要是通过群体规范的方式来影响浙商实践；文化—认知性力量主要通过认知来影响浙商实践，即把浙商精神作为理所当然的思维模式，从而驱动浙商实践自然而然地符合浙商精神的标准。

第一节　作为文化群体的浙商：以浙商精神为内核

南浔商帮和宁波商帮的经济实践，以及改革开放之后广大浙商所开展的创业与创新实践，证明了深植于浙江大地上的浙学传统有着广泛而深入人心的影响。群体性而非个体性的商业实践，体现了浙江地区所特有的浙学传统的显著作用。但是，“浙学传统—浙商实践”的逻辑框架依然存在不足，主要表现在三个方面。其一，从研究层面来看，浙学传统是宏观层面的因素，虽然界定了普遍性的价值观念和行为准则，但是如何作用于浙江商业领域之中的浙商实践，还有待中观层面的因素的进一步阐释。其二，从作用机制来看，浙学传统是深层次的、复杂的文化体系，并非所有的浙商个体都具有相应的知识基础和文化沉淀，因而难以进行整体性的、均等性的解读，所以必须探寻浙学传统引发浙商实践的微观机理。其三，从关系网络来看，浙学传统主要是由浙江优秀的知识分子创造、传承与解读的，而浙商群体虽然在浙江具有较高的社会地位，但是文化水平相对较低，难以与知识分子建立直接而又普遍的联系，所以浙学传统的圈子与浙商群体的圈子虽然存在交集，但是交集并不广泛。那么，浙学传统又是如何向浙商群体传播和扩散，进而形成浙商群体性的价值观念和行为准则的呢？

针对以上三个问题，我们可以以新组织制度理论对此做出解读。新组织制度理论关注个体与组织的群体性趋同实践，构建了兼顾宏观、中观和微观三个层面的分析框架，认为宏观社会层面的文化体系，影响了中观场域层面的制度逻辑，进而影响了微观个体和组织层面的趋同性实践；在建构三个层面系统框架的基础上，重点关注了中观场域层面的制度逻辑对微观个体和组织层面的趋同性实践的影响。[①] 具体来说，场域层面的制度逻辑驱动场域中的组织表现为趋同性的组织实践；而场域层面的制度逻辑又来自宏观社会层面的文化体系。[②] 其中，制度逻辑表现为象征性的意义和物质性的实践，制度逻辑通过规制性、规范性和文化—认知性制度压力，驱

① W. Richard Scott, *Institutions and Organizations*, Thousand Oaks: SAGE Publications, 1995.

② John W. Meyer, Brian Rowan, "Institutionalized Organizations: Formal Structure as Myth and Ceremony", *American Journal of Sociology*, 1977, 83(2): 340-363.

动场域之中的组织和个体表现出趋同性的行为实践。[①] 新组织制度理论更加强调文化—认知性制度压力所起到的核心作用，认为制度通过影响个体和组织的认知，从而使得制度所对应的意义和实践能够在场域中有效传播。

以新组织制度理论为框架，我们可以将浙地浙学传统视为一种具有宏观意义的价值观念和行为准则体系，影响了中观场域层面的制度逻辑，这一制度逻辑通过规制性、规范性和文化—认知性制度压力，驱动了浙江商人趋同性的商业实践，从而表现为群体性、而非个体性的商业实践。我们认为中观场域层面的制度逻辑的核心就是群体层面的“浙商精神”。

浙商精神的本质是一种特殊表现的企业家精神。德国社会学家马克斯·韦伯断言，“精神气质”在一个地区的发展中起到重要的作用。[②] 早在1911年，经济学家熊彼特就强调了企业家对经济增长的重要性。敢于创新、敢于冒险、渴望成功、机会嗅觉和事业追求是企业家精神的五大因素，企业家精神的内核是“创造性破坏”，通过调整产业结构等行为来推动经济发展。后来又有学者从知识溢出、制度、资本等角度分析企业家精神对经济的推动作用。1988年，美国经济史学家布拉德福德·德龙发现“资本主义精神”与经济增长的相关系数十分显著。有学者采用了来自多个欧盟成员国和美国的调查数据，认为企业家精神是经济增长的关键性因素。[③] 这些研究都表明企业家精神是一个地区经济发展的内在驱动力。

---

① W. Richard Scott, *Institutions and Organizations*, Thousand Oaks: SAGE Publications, 1995.

② 马克斯·韦伯：《新教伦理与资本主义精神》，于晓、陈维纲等译，生活·读书·新知三联书店1987年版，第16页。

③ Isabel Grilo, Roy Thurik, “Entrepreneurship in the old en new Europe”, *Scales Research Reports*, 2006: 75-103.

综上所述，我们认为浙商精神是浙学传统在商业领域的集中呈现，并进一步引领了浙商实践，驱动了浙江经济的发展。也就是说，浙商精神作为核心中介，联结了浙学传统与浙商实践，即呈现“浙学传统—浙商精神—浙商实践”的基本分析框架，从而有效解决了“浙学传统—浙商实践”分析框架所存在的逻辑上的薄弱问题。其一，从研究层面来看，浙商精神作为浙商群体的价值观念和行为准则体系，上承宏观层面的浙学传统，下启微观层面的浙商实践，从而形成清晰完整的分析框架。其二，从作用机制来看，虽然并非所有的浙商个体都能够对浙学传统形成清晰准确的认知，但是他们却能够清晰感知浙商群体所展现出的浙商精神，从而通过制度同形框架，特别是通过文化—认知性制度压力，形成趋同化的浙商实践表现。其三，从关系网络来看，浙商精神的概念可以有效沟通承载浙学传统的文化群体和活跃于浙江经济的浙商群体，是这两个群体在认知领域的交集。浙商精神是源于浙学传统的文化概念，因而为文化群体所认可；同时浙商精神也是浙商实践所展现出的价值观念和行为准则体系，自然也为浙商群体所认可，从而成为两个群体沟通的中介。特别是很多浙商本身就兼有知识分子和商人的身份，得以成为二者沟通的中介。例如我们前面所提到的与张謇并称“张汤”的汤寿潜，“夙以时务致称，晚以铁路见贤”，提出“任官不如任商”的观点。事实上，他不仅仅是一个知识分子，同时也是一个对商业极为熟稔的商人。因此，以“浙学传统—浙商精神—浙商实践”为框架，我们进一步详细分析浙商精神的内涵及其时代呈现，以及其在联结“浙学传统—浙商实践”中所扮演的核心角色。

第二节　浙商精神的内涵及其时代呈现

一、浙商精神的内涵

浙商精神的内涵是浙商研究的重点问题之一，不同的学者都对此进行了思考。乐承耀认为浙商精神包括坚定信念的执着追求精神、自强不息的奋斗精神、务实求真的实践精神、崇尚工商的事功精神、注重开拓的创新精神、博纳宽容的兼容精神。[①] 张仁寿把浙商精神提炼为讲究时机、注重功利、重视工商、不尚空谈。[②] 陶水木认为，浙商精神主要有实业兴国的精神、进取精神和敬业精神。[③] 潘起造通过与湖湘文化和岭南文化的对比，把浙商精神概括为励志图强的拼搏精神、开放和尚武精神、务实和重人事精神、进取却因循的矛盾性格。[④] 章剑鸣在深入讨论浙江文化的内涵时，把浙商精神全面地概括为积极稳健的政治态度、机智敏锐的战略眼光、个人自主的文化观念、见微知著以小博大的务实精神、勤俭刻苦自强不息的人生态度、人和为贵和气生财的处世态度、与时俱进开拓进取的创新精神、以诚为本恪守信义的商业道德、致富思源富而思进的责任意识。[⑤] 汪岩桥

---

① 乐承耀：《略论浙江精神》，《中共杭州市委党校学报》2000年第5期。

② 张仁寿：《弘扬浙江精神　推进浙江发展　今天的经济是昨天的文化——浙江文化对经济发展影响感言》，《浙江社会科学》2000年第2期。

③ 陶水木：《论近代浙商精神》，《商业经济与管理》2001年第1期。

④ 潘起造：《浙东学术的地域文化渊源及其文化精神》，《浙江社会科学》2006年第4期。

⑤ 章剑鸣：《刍议浙商文化的内涵特征》，《商业时代》2007年第3期。

和陈海红把浙商精神简要浓缩为八个字：求实、重商、通变、坚韧。[①] 陈国权和陈洁琼认为，新时代浙商精神应基于“亲”“清”两个维度进行把握，一方面与政府建立“亲近”的合作关系，另一方面与政府保持“清廉”关系。[②] 李佳威和王永昌结合阴阳心学，采用“圣贤之道”“心即理”“致良知”“知行合一”等具有超时空永恒价值的理念进一步涵养浙商精神，使浙商成为行稳致远、百炼成钢，千磨不催、万击不倒的“发动机”。[③] 杨铁清提出浙商精神是创业精神与创新能力的结合，具有务实沉潜、不急不躁的鲜明特点，并将在数字时代继续彰显其时代价值。[④] 张萍认为，浙商精神早已融入百姓口碑，是一种经得起千锤百炼、需要长时间积累、考验企业家初心的定力的宝贵无形资产。[⑤]

如此众多的浙商精神表述，一则表明浙商精神是学者关注的重点问题，再者也说明浙商精神的表述还未形成共识。没有形成共识的原因是多方面的，关键在于浙商以及浙商精神的内涵还会随着浙商实践的特点而不断演化。所以，在这里我们不再提出浙商精神的一个新表述，而是提出浙商内涵界定的内在本质。

根据“浙学传统—浙商精神—浙商实践”的基本分析框架，我们认为浙商精神来自浙江的区域文化，特别是浙学传统，同时又结合了“商”的特点，是对浙商实践具有普遍的积极性影响的价值观念和行为准则体系。为此，要界定浙商精神，我们必须首先理解浙江的区域文化，特别是浙学传统；同时结合浙商所面临的独特商业情景对浙商精神的内涵进行梳理。对于浙商精神的内涵，我们主要得到以下四个方面的主要观点。

---

① 汪岩桥、陈海红：《浙江文化和浙江企业家精神》，《中共浙江省委党校学报》2008年第6期。

② 陈国权、陈洁琼：《新时代浙商精神的历史方位》，《浙江社会科学》2018年第4期。

③ 李佳威、王永昌：《用阳明心学涵养浙商精神》，《浙江学刊》2021年第4期。

④ 杨铁清：《浙商精神＝创业精神＋创新能力》，《今日科技》2022年第12期。

⑤ 张萍：《浙商精神，就在百姓口碑中》，《浙江日报》2024年2月27日。

第一，精神在本质上是文化价值观的内核，界定了价值观念和行为准则。所谓精神，就是在历史发展中形成的表现整个民族的整体面貌的各种意识的特质，是文化价值观的内核。张岱年在《文化与价值》中写道："文化的基本精神必具有两个特点：一是具有广泛的影响，为大多数人民所接受领会，对于广大人民起了熏陶作用；二是具有激励进步、促进发展的积极作用。必具有这两个方面的表现，才可以称为文化的基本精神。"[①]文化价值观是对地区长期历史实践中的集体行动的思想概括，它为社会成员提供了一整套的价值观念和行为准则。

第二，浙商精神是浙江商人/企业家群体在长期实践中所形成的价值观念和行为准则体系。辩证唯物主义认为，社会存在决定社会意识，当社会经济的发展对特定精神资源有迫切需求的时候，这种精神资源就会被发掘出来。浙商精神是浙江商人和企业家群体在长期的生产经营过程中不断总结提炼出来的。所以，浙商精神的凝练离不开浙商生存与发展的特定时空。以改革开放为关键节点，浙商的发展经历了五个主要阶段，分别是半自主创业阶段、自发创业阶段、曲折而快速成长的自觉适应阶段、加速融入全球化的大发展阶段、新常态高质量发展阶段。在这五个阶段，浙商面临不同的实践环境，表现出差异化的实践模式。在长期的实践中，浙商精神得以形成，并不断强化。例如，浙商"四千"精神就是浙商在长期的实践过程中，逐步提炼出来并广为浙商所认可的精神表述。

第三，浙商精神的内涵在浙学传统的互动中生成与演进。生活在现实文化环境中的经济活动者同时也是一个学习者，其生活所在区域的文化价值观就是重要内容之一。"视界融合"和"妥协阅读"就是两个重要的价值观学习过程。个体绝不会生活于真空中，在其有自我意识或反思意识之前，就已经置身并属于这个世界。因此，个体不是从虚无开始理解和解释

---

① 张岱年：《文化与价值》，新华出版社2004年版，第212页。

的。对于浙商群体而言，浙商所嵌入的文化背景和时代场景，自始至终都在影响、形成浙商的基本价值观，这就是“前有”“成见”“前判断体系”。作为浙江地区文化集中表现的浙学传统，为浙商理解世界、形成正确的价值观提供了可资借鉴的“成见”和“视界”。与此同时，浙商在生存与发展过程中，不断接触浙学传统的方方面面，具体表现为文化基础、社会背景、传统观念、风俗习惯等，从而不断吸收、扩大、拓宽和丰富自己的“视界”，进而不断强化浙学传统的价值观内核，即通过伽达默尔所说的“视界融合”，进一步强化浙学传统的影响。当然，浙商精神也不是一成不变，在吸收浙学传统价值观内核的同时，也会随着时代的变化而变化，表现出新的形式，即“妥协阅读”。[①] 当然，这种变化也并非轻而易举，因为特定“成见”的打破需要足够与之冲突的经验。因此，浙商精神的具体内涵和文字表达，一直是浙商群体和学界探讨的热点问题。

第四，浙商精神内涵界定的合法性来自浙学传统。浙商精神的内涵界定离不开浙商实践和浙学传统。其内涵界定及文字表达，离不开浙学传统的合法性认定，并同时从浙学传统的话语体系中获得一致性表述。按照新组织制度理论，对浙商群体而言，场域层面浙商精神的合法性来自社会层面的浙江地区文化，即浙学传统。由于浙学传统是浙江地区文化的核心，是浙江普遍认可的价值体系，所以浙商精神的内涵界定也需要与之相一致，才能获得合法性认可。这种一致性，也意味着浙商精神内涵界定的文字表述也必须从浙学传统的话语体系中获得一致性表述。

总之，浙商精神是支持浙江商人们在不同时期、不同地区缔造商业传奇的不竭动力源泉；浙江商人在商业实践的过程中通过“视界融合”对浙商

① 陈立旭:《区域精神与文化传统的关系审视——当代讲求实效精神与浙东事功学关系再分析》,《浙江社会科学》2006 年第 1 期。

精神进行着创新和升级，同时通过“妥协阅读”使浙商精神得以进步和升华，使之更加契合于商业实际。

二、浙商精神的历史呈现：宁波商帮

作为浙商的价值观念和行为准则，浙商精神在不同的时代有着不同的表述。在此，我们重点介绍宁波商帮所展现的浙商精神，以及改革开放以来浙商所广为认可和传播的“四千”精神。

宁波商帮是浙商最具代表性的源头之一，素有“无宁不成市”的称号。他们以上海为活动基地，活动遍及全球，涉及航运、金融等领域。孙中山先生曾评价宁波商人：“宁波人对工商业之经营，经验丰富，凡吾国各埠，莫不有甬人事业，即欧洲各国，亦多甬商足迹，其能力与影响之大，固可首屈一指者也。”这一传统商帮也成功实现了近代化转型。

宁波自古水上交通发达，海外贸易兴隆。约 7000 年前的河姆渡先民就已驾独木舟出海；秦代就与近海岛屿进行海产的贸易往来；六朝时期宁波已是贸易的集散地；唐朝时作为对外贸易港口，集聚有大批日本商人、新罗商人和大食商人；在宋代，宁波更是进一步成为全国造船基地，已经可以建造能容纳五六百人的海船；在元代，宁波与日本有频繁的贸易往来；而明清时期，海禁政策虽限制了宁波的合法外贸，却在另一方面促使宁波人转而在国内寻求商业机会。长久以来，外来文化的熏陶使宁波人形成了海纳百川的宽阔胸襟，浙东学派的思想也孕育了他们敬贾崇商的风尚习俗，终于在明末清初宁波商帮正式形成。鸦片战争时期，宁波商帮的足迹已遍及全国，甚至远涉南洋和欧美，他们积累的财富不可估量。此时上海是全国贸易的中心，宁波人凭借地理优势逐渐成为全国外贸的主力。据估计，清末上海已聚集 40 万宁波人，经营五金、颜料、洋油、布匹、钟表、西药等畅销洋货，还涉及房地产、保险业、证券业和公共事业等服务业。民国时期，宁波商帮大办工商业，达到鼎盛，并培育出一批新生代实业家，如中国近代民族轮船航运业和银行业创始人虞洽卿、中国化工业的先驱方液仙、“火柴大王”刘鸿生、“中国灯泡之父”胡西园、中国新药业前驱项松茂、“钱业大王”秦润卿等。这时的宁波商帮实际已经变成了近代资本主义工商业集团，宁波商帮的形象也转为新兴的近代实业家群体。20 世纪三四十年代，受日本侵华战争和国民党反动政府的影响，许多宁波商人开始迁居海外，其后裔与 20 世纪 80 年代后移居海外的宁波籍人士统称现代海外宁波商帮，代表人物有“影视大王”邵逸夫、“世界船王”包玉刚等。

宁波商帮在千年实践过程中形成了独有的精神体系。

第一，勇于开拓、善于创新。勇于开拓、善于创新是宁波商帮最突出的性格特性。顺应市场时代变化、坚持扩展活动地域、不断调整经营领域、开拓创新服务内容、抢先投资新兴产业，同时进行经营制度和方法的创新，努力借鉴学习海外资本主义的经营管理理念，引进先进技术和生产工艺，使企业具有顽强的生命力和活力，都展现了这一精神，是他们成功完成近代化转型、基业长青的保证。

第二，敬业乐群、结帮经营。宁波商帮的成功离不开宁波商会的凝聚力。善于团结、善于帮助、善于凝结，是宁波商帮经久不衰的奥秘。《鄞县通志》记载，甬人“团结自治之力，素著闻于寰宇”。在外创业谋生的宁波人重乡情、爱亲邻，从近代到海外，从中国到世界各地，凡是有宁波人活动的地方就一定有同乡会或商会。他们的公馆会馆，不仅用于交流情感，还作为集议场所，研讨商情，维护利益。这种以地缘乡缘为纽带建立的联系表现了宁波商帮同舟共济、共享成功的地域群体意识和凝聚力。

第三，以德为业、诚信为本。宁波商人重视伦理道德，在商业经营中强调以德立业。他们主张见利思义，以义取利，不谋不义之财。他们信奉“诚招天下客，义聚天下财”，与古语“君子爱财，取之有道”不谋而合。历史上的宁波设有“赊销码头”和“过账码头”，客户凭信用放账，大大方便了商品的流通，也成就了宁波商人的业界地位。

第四，克勤克俭、施仁布泽。绝大多数的宁波商人都是从底层做起的，踏踏实实，一步一个脚印，遍尝创业之苦，即使已家财万贯，他们亦克勤克俭，俭朴自守。宁波人这种“入世苦行”的作风相当闻名，正如“世界船王”包玉刚给宁波大学的题词：持恒健身，勤俭建业。宁波商人在功成名就之后，往往施仁布泽，造福社会。最具代表性的是“影视大王”邵逸夫，向国家教育事业和其他公益事业捐资近百亿港元。

三、浙商精神的历史呈现：改革开放以来“四千”精神及其演化

20 世纪七八十年代，浙江商人就怀着饱满的精神状态迎接改革开放浪潮。经过上千年的积淀、实践与锤炼，浙商终于可以在属于他们的舞台上一展宏图。“四千”精神和“两板”精神都是对改革开放初期的浙商精神的精彩刻画。其中，“四千”精神是指“走遍千山万水、说尽千言万语、想尽千方百计、吃尽千辛万苦”。“四千”精神是浙商的精神支柱和信念源泉，为浙商的创新创业提供了内在价值驱动，同时也为浙商的商业实践提供行为准则，从而成就了浙江民营经济的辉煌。

“四千”精神支撑了改革开放以来浙商生存性创业实践模式。改革开放以来，浙商实践的典型特征是生存性创业，是在特定经济发展阶段（社会物质财富较匮乏）、特定经济技术发展水平（总体科学技术水平较低）、特定经济社会体制（计划经济影响深厚、人们思想禁锢）背景条件下的“生存型创业”。在“一缺技术、二缺资金、三缺人才”的“三缺”背景条件下，浙商只能通过“走遍千山万水、说尽千言万语、想尽千方百计、吃尽千辛万苦”，来寻找市场、整合资源，以实现自身企业的发展。具体来说，面对当时巨大的市场需求，从“村村点火、户户冒烟”的农村工业化起步，以“开夫妻老婆店”为创业路径，开始了浙江改革开放初期的艰辛创业之路。面对资源的不

足，温州商人“白天当老板，晚上睡地板”；台州商人“出硬股、打天下”，通过股份制经济的最初雏形来解决资金不足；绍兴、萧山、慈溪一带的商人通过聘请“星期日工程师”来克服技术瓶颈；义乌、永康一带的商人通过“拨浪鼓摇出大市场”“走街串巷”来解决商贸渠道匮乏的问题。可以说，“四千”精神是改革开放以来“浙江模式”的主要内涵。[①]

“四千”精神背后反映的是浙学传统所积淀的核心价值理念。“和义利、知行合一、创新融汇”是浙学传统的三个主要内涵。“四千”精神虽然是口语化表述，但是其价值取向无疑都反映了浙学传统的这三个内涵。改革开放初期，虽然浙商的生存性创业是为了摆脱自身贫穷的困境，但在初创成功之后，他们往往都会带动周边的亲属和朋友创业，这是浙江典型的产业集群式发展模式。虽然不能简单地说浙商在谋求利益的同时，也兼顾实现社会之“公利”，但是这已经超出了个体私利，追求差序格局下一定程度的“公利”。“四千”精神更是有效呈现了“知行合一、创新融汇”的浙学传统。改革开放本身就是一个重大创新，没有成熟的经验和可供借鉴的范本，所以浙商只能自己摸索，走遍千山万水才能找到合适的一山一水，说尽千言万语才能找到可用的一言一语，想尽千方百计才能找到有效的一方一计。这就是知行合一，这就是包容创新：通过行动来获取知识，即组织学习理论所强调的“干中学”；在行动中不断创新、不断改进，实现企业的持续成长。

进入21世纪以来，国内外环境发生了巨大变化，尤其是2008年金融危机后，浙江民营企业的自身局限开始凸显，在经济危机中受到较大影响。一方面，浙江民营企业规模普遍较小，以中小企业为主，因此抗风险的能力相对较弱；另一方面，浙江民营企业的发展质量有待提升，具体表现为企业产品附加值不高、高技术产业占比偏低等问题。在新的历史

---

① 兰建平：《从“老四千精神”到“新四千精神”》，《今日浙江》2009年第13期。

条件下，无论是产业结构还是管理模式，都面临着转型的迫切需求。在经济转型升级的背景下，以“千方百计提升品牌，千方百计拓展市场，千方百计自主创新，千方百计改善管理”为内涵的“新四千”精神应运而生。如果说原有的“四千”精神概括了浙商艰苦创业阶段的实践特点，那么“新四千”精神则刻画了经济转型升级时浙商转型升级、高质量发展的实践特点。①

一是“千方百计提升品牌”，就是要超越个体企业竞争的层面，从区域和产业发展战略的高度来重新认识品牌的战略价值。品牌意味着更高的价值分成，是浙商转型升级的重要方向。以品牌战略为主线，推进质量振兴战略和标准化战略，打造一批产品品牌、企业品牌、区域品牌，构建若干具有世界影响力的品牌群。

二是“千方百计拓展市场”，是指创造环境条件和运用政策手段，通过与上下游企业、竞争企业乃至政府共同携手，在已有市场基础上大力拓展潜在和新兴市场。特别是战略性新兴产业，具有重要的战略价值，成为浙商转型升级的重要领域。

三是“千方百计自主创新”，是指针对浙江民营经济自主创新能力相对薄弱的问题，通过构建自身企业主导的创新网络和创新体系，利用技术创新、组织创新等各种创新形式，切实增强企业发展活力和竞争力。

四是“千方百计改善管理”，是指以内部管理水平提升为杠杆撬动整个企业的发展。浙商需要吸收西方管理方式，结合东方文化特征和企业特点，建立符合自身特点的管理框架、管理结构和管理梯队，实现从家族式管理、传统管理到高效管理的转变。

“新四千”精神是在浙江省改革开放30年历程中总结提炼出来的，是新场景下对“四千”精神的再次演绎。“新四千”精神虽然有效地融合了浙

① 陈国权、陈洁琼：《新时代浙商精神的历史方位》，《浙江社会科学》2018年第4期。

商转型升级的特色，但文化内涵略显不足，因此并未像“四千”精神那般取得广泛的社会影响。

第三节　新时代浙商精神

一、新时代的时代特征

习近平同志在党的十九大报告中指出，经过长期努力，中国特色社会主义进入了新时代，这是我国发展新的历史方位。“新时代”意味着一个全新的历史阶段，同时也意味着新的机遇与挑战并存。浙商若要在“新时代”中勇立潮头，必然需要有一种新的浙商精神与之相适应。因此，对新时代浙商精神的提炼，关键要回答两个问题：第一，在新时代，企业家需要具备什么样的商业精神，才能够让自己勇立潮头，在竞争中占领先机？第二，浙商是中国民营企业家的缩影，如果要引领新时代的发展，需要具备什么样的精神？在回答这两个核心问题之前，首先需要回到新时代具有什么样的特征的讨论上来。只有先明晰我们处于什么样的历史方位，才能研判当下以及未来需要什么样的浙商精神来与之相匹配。[①]

新时代下，浙商展现出与之前生存性创业模式和转型升级模式不同的实践模式，开始进入高质量发展阶段。相比前两个阶段，新时代浙商所面临的重大环境变化集中体现在新一轮的以数字技术为标志的技术革命和深度全球化这两个重要特征上。数字技术的发展，表现为互联网技术和移动互联网的快速扩散，推动了大量的商业模式创新、企业产品

① 陈国权、陈洁琼：《新时代浙商精神的历史方位》，《浙江社会科学》2018 年第 4 期。

创新。互联网、物联网、大数据、云计算、人工智能等技术的发展与应用，对组织的技术研发、生产流程和顾客服务都产生了极大的冲击，既改变了消费者的生活习惯，实现了真正以消费者为主导的组织变革，也改变了企业与社会的关系，从相对简单的外部性关联转向更为复杂的社会责任管理。

新时代下，经济全球化对于浙商企业而言有了新的意义：开始从被动全球化和全球价值链低端嵌入，转变为主动全球化和全球价值链跃迁。典型案例是吉利收购沃尔沃汽车，开始整合全球资源来实现自身发展。当然，在全球化过程中，浙商开始面临更大的挑战，全球并不仅仅是一个产品销售的市场，也不仅仅是一个等待收购的资源库，而是一个立体的全球格局，兼有市场、资源、文化、政治等多个维度的深度全球化。这就要求浙商以立体的视角来看待商业成功、合法制度、文化共存之间的系统关联，而不是单纯地"在商言商"。

二、新时代浙商精神：企业视角

新时代，面对技术变革和深度全球化，浙商应当如何实现高质量发展？事实上，"学习和创新"一直是浙商精神所界定的行为准则，在新时代这一标准越发凸显出来。值得说明的是，"共存与公利"这一价值取向的形成，使得浙商精神开始真正呼应浙学传统中"和义利"的思想。在"共存与公利"的价值导向下，浙商实践更加强调"共享""普惠"。这是一个颇具时代特征的现象，也是浙学传统内化带来的必然结果。

对于新时代浙商精神，我们可以从浙商企业的使命陈述中来归纳总结。使命陈述包括企业的愿景、使命、价值观，是企业核心的价值取向和行为准则。虽然浙商企业的使命陈述体现了由产业、发展阶段、企业家偏好等因素造成的个性特点，但是其背后也蕴含了共性的、体现时代性的浙商精神。为此，我们收集了2023年浙商500强企业排名靠前企业的一些使命陈述（见表6-1），从中总结浙商精神的特点。其中有的浙商企业，其企业总部可能不在浙江。从这些著名浙商企业的使命陈述中，我们可以总结出如下几个方面的精神特质。

第一，追求卓越、基业长青。在新时代，浙商企业已经积累了相当的资本，但是从优秀到卓越，并不仅仅依靠技术和资源，更多地仰仗追求卓越、实现业绩常青的精神追求。这种追求和梦想是浙商企业打破现状、不断实现更高成就的内在动力。例如，吉利控股集团追求的是“让世界充满吉利”；物产中大集团追求的是“物通全球，产济天下”；阿里巴巴追求的“让天下没有难做的生意”；海亮集团期待的是“铸百年卓越海亮，创国际经典品牌”。这些企业的愿景、使命、价值观，展示了新时代浙商的雄心壮志。

第二，合作创新、与时俱进。浙商企业具备了更为广阔和长远的视野，开始整合全球资源来实现自身发展，以更加包容的心态来容纳各个利益相关者，时刻关注最新时代讯息，与时俱进。例如物产中大集团的企业价值观是“企业与时代共同前进，企业与客户共创价值，企业与员工共同发展”，强调了包容时代、客户、员工的创新发展；阿里巴巴以“唯一不变的是变化”等为价值观，实现了自身的快速发展。大量的浙商企业都把“共创”“创新”“共享”等概念作为自己的价值观，表明合作创新精神已经成为新时代浙商精神的重要组成部分。

第三，匠心奋斗、积极乐观。在新时代，浙商企业继续保持奋斗的精神传统，同时开始把匠心和品质作为奋斗的重要支撑；浙江企业继续保持对利润的渴求，但是也更加渴望享受成长的过程，把积极乐观作为自身的重要精神追求。很多浙商企业都强调奋斗的重要性，同时也开始强调奋斗本身的积极意义。例如，阿里巴巴将“今天最好的表现是明天最低的要求”作为企业价值观之一；绿城中国的企业价值观是“真诚、善意、精致、完美”，这也是公司的质量方针，更是企业文化的核心部分、精粹部分。

第四，责任担当、绿色发展。社会责任承担和担当意识已经成为新时代浙商精神的重要内涵。诸多浙商企业都把社会责任和担当意识放在企业的使命陈述之中，强调对家国和社会的贡献。特别是绿色发展已经成为时代的要求，也成为浙商对新时代的重要承诺。例如，吉利控股集团在对汽车品质的界定中，就特别强调了“环保”；能源相关的企业也都强调“绿色”的价值。

表 6-1　部分知名浙商企业的愿景、使命和价值观

企业	企业家	总部	企业愿景	企业使命	企业价值观
吉利控股	李书福	杭州	引领绿色智能通行生态	让世界充满吉利	用户至上、战略引领、元动力保障
物产中大	王挺革（创始人）	杭州	致力于打造具有国际竞争力的产业生态组织者	物通全球，产济天下	企业与时代共同前进，企业与客户共创价值，企业与员工共同发展
阿里巴巴	马云	杭州	追求成为一家活102年的好公司；让客户相会、工作和生活在阿里巴巴	让天下没有难做的生意	客户第一，员工第二，股东第三；因为信任，所以简单；唯一不变的是变化；今天最好的表现是明天最低的要求；此时此刻，非我莫属；认真生活，快乐工作
海亮集团	冯海良	绍兴	铸百年卓越海亮，创国际经典品牌	聚才兴业、德惠万家	以人为本，诚信共赢
青山控股	张积敏	温州	打造受人尊敬的世界一流企业	炼百年不锈，筑绿色未来	发展企业、奉献社会
绿城中国	宋卫平（创始人）	杭州	中国理想生活综合服务商	为员工创造平台，为客户创造价值，为城市创造美丽，为社会创造财富，为股东创造利润	真诚、善意、精致、完美

续表

企业	企业家	总部	企业愿景	企业使命	企业价值观
万向集团	鲁伟鼎	杭州	致力于汽车零部件产业，成为一家拥有思想的现代公司	让空气更清新	奋斗十年添个零
天能集团	张天任	湖州	成为最受尊敬的世界一流新能源公司	奉献绿色能源，缔造美好生活	责任、创新、奋斗、共享
荣盛控股	李水荣	杭州	成为有责任担当、有行业地位、有持续盈利能力的百年企业	坚持实业报国，引领行业发展	诚信、乐观、感恩
汽轮动力	郑斌	杭州	成为世界一流的工业驱动服务商	驱动工业文明，永续中国动力	客户至上　开拓创新　工匠精神　团队协作　以身作则
超威电源	周明明	湖州	成为全球前十的新能源伟大企业	倡导绿色能源　完美人类生活	忠诚、责任、结果、奉献
复星国际	郭广昌	上海	植根中国，服务全球家庭客户；智造健康、快乐、富足的幸福生态系统	让全球每个家庭生活更幸福	修身、齐家、立业、助天下
锦江集团	钭正刚	杭州	致力于建设投资成功、管理成功、文化成功的百年锦江	为客户创造价值，坚持高质量、高效率、高效益发展	发展共成、价值共享
建龙集团	张志祥	北京	成为引领行业进步、深受社会尊重、员工引以自豪的重工产业集团	成就建龙人事业梦想	诚信、规则、团队、卓越、共赢
中天控股	楼永良	杭州	成为具有核心竞争能力和可持续发展能力的创新性产业集团	真心缔造美好家园	诚信、质量、务实、责任、协同、创新、争先、友善
横店集团	徐永安	金华	做最具社会责任心的企业	扎根横店，拥抱世界	仁爱、中庸、团队、执行
唯品会	沈亚	广州	成为全球一流的电子商务平台	传承品质使命，提升幸福体验	客户至上　简单正心　快速高效　创新精进　协作担当

续表

企业	企业家	总部	企业愿景	企业使命	企业价值观
佳源创盛	沈玉兴	嘉兴	成为推动城市高质量发展的革新者	创新驱动，品质引领，重构城市生活价值	品质为本，服务至上，责任担当，实干奋斗
金田投资	楼璋亮	宁波	创造客户价值，打造百年企业，成为行业标杆，为现代工业文明做贡献	创造客户价值；打造百年公司　成为行业标杆　为现代工业文明做贡献	学习、团队、诚信、责任、开放
奥克斯	郑坚江	宁波	让奥克斯成为世界品牌	创领智能生活，培养优秀人才	精确、高效、务实、简单；机会来自业绩
恒逸石化	邱建林	杭州	做国际一流的石化产业集团之一	建百年长青基业，立世界名企之林	永不止步，缔造辉煌；恒其道，逸其志
传化集团	徐冠巨	杭州	成为时代的杰出企业	成就客户、幸福员工、引领产业	以客户为中心　以价值创造者为本　持续奋斗　共创共赢
正泰集团	南存辉	温州	致力于成为全球领先的智慧能源解决方案提供商	让电力能源更安全、绿色、便捷、高效	以客户为中心，创新、协作、正直、谦学、担当
盾安集团	姚新义	杭州	成为世界一流的、受人尊敬的企业	提升能效、优化使命	专业、创造、共赢
网易	丁磊	广州	网聚人的力量，以科技创新缔造美好生活	网聚人的力量，以科技创新缔造美好生活	为热爱全心投入；和用户在一起；从0到1是创新，从1到1.1也是
德力西电气	胡成中	温州	成为有温度的国际化低压电器领军企业	充满激情地服务于全球新兴市场，为六十多亿人的居家和工作提供高性价比、触手可得并值得信赖的低压电气产品和服务	客户第一、合作、敏捷、创新、超越
浙能电力	刘盛辉	杭州	打造一流现代综合型能源供应商	为发展提供动力，为社会创造财富，为员工谋求幸福	以德立人，以能立业

续表

企业	企业家	总部	企业愿景	企业使命	企业价值观
娃哈哈	宗庆后（创始人）	杭州	成为业绩一流，责任恒久，基业长青的饮料及大健康龙头企业	健康你我他、欢乐千万家	凝聚小家、发展大家、报效国家
晶科能源	李仙德	上饶	提供清洁能源整体解决方案，成为行业标杆	改变能源结构，承担未来责任	以客户为中心，以贡献者为本
海康威视	陈宗年	杭州	引领智能物联新未来	善见致知，同行致远	成就客户、价值为本、诚信务实、追求卓越

三、新时代浙商精神：政府视角

与浙商自身对新时代浙商精神的表述不同，2017 年时任浙江省委书记车俊在民营企业家座谈会上提出了新时代浙商精神：

> 新时代呼唤新时代浙商精神。广大民营企业家要弘扬坚忍不拔的创业精神，保持逢山开路、遇水架桥的闯劲，水滴石穿、绳锯木断的韧劲，锲而不舍、百折不挠的干劲；弘扬敢为人先的创新精神，增强直面荆棘的无畏勇气、敢为人先的胆识魄力、善于创新的本领能力；弘扬兴业报国的担当精神，富而思进、富而思源、富而思报，确立起更强的家国情怀，承担起更多的社会责任；弘扬开放大气的合作精神，胸怀天下、放眼全球，坚持走出去与引进来相结合，在整合资源中携手共进，在竞争合作中做强做优；弘扬诚信守法的法治精神，走敬业、诚信、守法的发展道路；弘扬追求卓越的奋斗精神，树立做百年企业的梦想，争创一流企业、一流管理、一流产品、一流服务和一流文化，勇当新时代中国特色社会主义

市场经济的弄潮儿，勇当新发展理念的探索者、转型升级的引领者、“义行天下”的践行者。

新时代浙商精神被概括为六个方面：坚忍不拔的创业精神、敢为人先的创新精神、兴业报国的担当精神、开放大气的合作精神、诚信守法的法治精神、追求卓越的奋斗精神。创业、创新、合作、奋斗精神历来是浙商精神的核心元素，源自浙学传统中的“知行合一、创新融汇”，对应“四千”精神的核心内涵，在新时代必然要继承发扬；而对国家和社会的担当精神是“四千”精神所不具备的内涵，但是在新时代却被重点强调，契合了浙学传统中“和义利”的思想，呼应了新时代浙商实践中“共享”“普惠”的特征；法治精神界定了浙商精神的底线，也契合了新时代浙商经营的政治环境。

总之，新时代浙商精神虽有多样化的诠释，但其核心始终如一：将创业创新奉为浙商的行为准则，以公利和担当作为浙商的价值引领。这是对“四千”精神的继承，同时又在“公利和担当”方面做了拓展，从而形成了对新时代浙商精神的全面阐述。

第四节　浙商精神在沟通浙学传统与浙商实践中的核心作用

一、作为浙学传统重要成果的浙商精神

浙商所展现出的浙商精神，内含浙江地域文化的深厚底蕴，符应“理性—事功”的浙学传统。浙东学派是中国近代思想启蒙的起点之一，它根

植于浙江社会经济的土壤，在浙江人民的躬身实践中产生和发展，又作为“文化因子”反哺浙江大众的价值取向。东汉的王充是浙东学派思想的奠基人，他实事求是、追求实用价值的信念影响了后来的浙江学者，形成了之后浙江的学术精神，即重视理性、强调实践、重视利益，尝试把一般知识与现世事务融合的精神。这样宝贵的思想主张和文化价值观，孕育了浙江这个民营经济大省，成为无数浙商的精神“母乳”。

浙东学派分为南宋浙东学派和明清浙东学派，有很多分支，但是他们有一个共同的特点，就是反对脱离社会实际和人性本源，代表思想包括“经世致用”“行知合一”“工商皆本”等。浙东学派的学者们认为，个体的道德体认固然重要，然而道德实现的最高境界却不是个体单独享有的，而是要使社会中每个成员都能享有这样的境界和幸福。如果能够从社会现实事务着手，增进广大民众的普遍利益，这本身就是一种善的行为，本身就是道德。由此，学术应当培养具备经世致用素养的人才，使他们具备将所学知识运用于现实社会、改造现实社会并惠及民众的能力。

浙东学派的这一思路，与当时的社会思潮严重相悖，再加上浙江独特的地理环境和民众独特的生计方式，导致了它在整个宋明理学体系中处于边缘地位。尽管如此，浙东学派的思想却在浙江地区绵延不绝，成为当代浙江经济与社会发展取之不竭、用之不尽的精神源头。

具体而言，婺学（即金华学派）的创始人吕祖谦的学术思想有兼容博纳的特点，以他为代表的金华学派提倡“名明理身”，治经史以致用。陈亮是永康学派的代表人物，他打破了“君子固穷”的传统思想，提倡“实事实功”，即道义不能脱离功利，提出“商籍农而立，农籍商而行，求以相补，而非求以相病”，认为经商是正常的谋生手段，和农业一样能强民富国。叶适是永嘉学派的集大成者，他提出“务实不务虚”“以利和义”，认为义与利是合而为一的，主张用功利来衡量义理，用实践来衡量理论。叶适的“利”内涵相当广泛，不仅包括物质财富，还包括人追求物质财富的合理性，通过分析南宋财富拥有者对国家和社会的贡献，他肯定了商人和商业的社会地位与价值，主张保护商人的利益。王守仁则主张在致良知的过程中，讲究个人内外的实践统一，也即“知行合一”。黄宗羲是中国思想启蒙之父，他的经济思想主要体现在三个方面：首先，他提出工商皆本的思想，从哲学的高度肯定了工商业在社会中的本体地位；其次，提出建立统一货币等价物的货币思想，“以钱代银”，要求国家建立强大的信用体系，形成全国统一的货币制度，保证国内交易的通畅；最后，提出要改革吏制和保护富民的思想，寻求国民财富的增值而不是君主一家的财政增收。

我们总结出浙东学派的四种精神：求实精神、批判精神、兼容精神和创新精神。浙东学派的这四种精神，产生于浙江人民的社会实践和对社会现象的思考，并在上千年的演化中持续影响着浙江人民的思维。但是，浙东学派形成之时，在浙江地区也并未产生如后世一般的影响。原因有二：一是程朱理学是当时的统治思想，浙东学派处于相对边缘的位置；二是受当时文化传播和教育水平的影响，这些思想并不能有效传递给普通民众。因此，当时浙东学派对浙东地区的影响是有限的，还没有成为当时浙江区域文化的核心。但是，浙东学派之后通过民俗的力量持续影响着浙江地区的民众，进而占据了浙江地区文化的主流。[①] 民俗是一股社会力量。人类的全部生活，包括所有时代和文化的各个阶段，主要受大量民俗的主宰。在长达近千年的精神与文化的相互交融过程中，浙江地区人民被赋予了与时俱进的优秀品质，其中务实、包容、团结等特点越发坚实与突出。

中华人民共和国成立之后，特别是改革开放后，浙学传统的文化力量在市场经济的大潮中得以凸显，并在浙商群体中谱写出以“四千”精神为代

① 陈立旭：《区域精神与文化传统的关系审视——当代讲求实效精神与浙东事功学关系再分析》，《浙江社会科学》2006 年第 1 期。

表的浙江精神。改革开放作为中国的重大创新，并没有成熟的样本和范式供参考，必须通过“摸着石头过河”来寻找可行和有效的发展路径。在浙江大地上，很多浙商企业家蓦然发现，改革开放所建构的制度环境为释放自己的“天性”提供了绝佳的条件，于是开始了以“千山万水、千言万语、千方百计、千辛万苦”为标签的创新创业之旅。

第一，改革开放为浙学传统在浙江工商业的落地提供了绝佳的制度环境。改革开放是中国政治、经济、社会发展中的关键节点。通过改革开放，中国逐步把市场机制引入经济发展的轨道，让基于市场机制的工商业系统获得了政治系统的合法性认可，从而为广大浙商摆脱贫困、开展生存性创业提供了广阔的活动空间。浙学传统中历来强调“工商皆本”。除了市场机制，改革开放还确立了创新发展和务实发展的思想。改革的本身就是变革，通过变革实现中国的发展；变革的基本路径是真正贴近现实的“务实发展”。“实践是检验真理的唯一标准”“不管黑猫白猫，捉到老鼠就是好猫”等论断，更是强调了在行动中获得真知的行为准则，这恰恰符合了浙学传统中“知行合一、创新融汇”的思想。因此，改革开放政策的推进，有效释放了浙商为浙学传统所化的“天性”，从而开始迅速行动起来，“走遍千山万水、说尽千言万语、想尽千方百计、吃尽千辛万苦”。

第二，浙学传统为浙商精神的凝练提供了丰富的“文化工具箱”。“文化工具箱”理论认为，文化之所以能够为个体行动提供价值支撑，主要是因为行动者根据自己实践的需求从丰富的文化体系中摘取相应的文化表述，来支撑自身行动的文化合法性。因为文化包括那些源于历史的和人们所选择的外显的和内隐的思维模式及其在制度、实践与人工器物中的体现，所以文化的核心是思维模式，也可以称为人们思考的软件系统。根据马克斯·韦伯的理论，人类是一种社会动物，悬浮于其自己所编织的意义之网中，而文化就是这些网。文化是由社会确立的意义结构所组成的。这里的意义结构是由个体之间及体制间的互动关系系统构成的，而文化则是由人们创造出来并加以传播的价值观、思想的内容与模式,以及符号与规范系统所构成的“象征意义系统”。[①]

浙学传统作为以“和义利、知行合一、创新融汇”为核心的“意义结构”,为浙商的商业实践提供了丰富的可供借鉴的“意义元素”,进而被浙商整合为自身的思想武器——“浙商精神”。“和义利”界定了公利与私利之间的关系,在改革开放初期的背景下,推动浙商踊跃行动,为谋求自身富裕而奋力拼搏。虽然在西方市场经济体系下,追求私利本身就是合法性的行动,但是在改革开放初期,在公有制经济占据绝对主导的时代,将“追求私利”视为合法行动存在一定的难度。而浙学传统中“和义利”的思想,强调公利与私利的兼容,强调公利与私利之间的和谐与转化,这在当时是难能可贵的。作为“和义利”的自然推演,“工商皆本”的思想在浙江也被广为接受,从而使得浙商能够迅速接受市场经济,开办了大量的专业市场,通过前店后厂的方式形成了大量的“块状经济”。

而随着改革开放的深化,以及个体追求私利的看法得到广泛认可,过度追求私利也带来了很多商业、社会和环境问题。例如早期浙商发展所出现的产品质量问题,假冒伪劣产品泛滥,从而影响了整个浙江和浙商的形象和品牌。浙商也再次从“和义利”中重新汲取文化力量:过度地关注“私利”,必然会损害“公利”,造成“公地的悲剧”,无法实现“和义利”。于是浙商开始把“千家万户”放在心头,强调对国家和社会的“担当精神”,这就把“公利”和“私利”的天平再次向“公利”一端倾斜,以实现“和”。

除了“和义利”,“知行合一、创新融汇”也成为浙商凝练自身“精神”的“文化工具箱”,成为浙商确立自身行为准则的重要文化源泉。前面我们提到,改革开放以来的早期浙商群体是典型“草根”群体,文化水平不高是其

① W. Richard Scott, *Institutions and Organizations*, Thousand Oaks: SAGE Publications, 1995.

重要特点。浙商博物馆中有诸多的展品都显示了当时浙商的“学识浅薄”。那么,为什么知识水平不高的浙商能够自信而迅速地开展创业和创新,并成为中国著名商业群体呢?浙学传统的“知行合一”给出了答案。源于阳明心学的“知行合一”,强调行动和认知的统一性。面对改革开放所带来的新实践,没有成熟经验和样板,在同一起跑线上,浙商从“知行合一”中汲取力量、获取自信:从行动中获取真知,在行动中不断改进。所以,浙商能够自信而迅速地行动起来,开始“走遍千山万水、说尽千言万语、想尽千方百计、吃尽千辛万苦”。这一过程,不仅仅是行动之旅,同时也是认知之旅。“四千”精神成为浙商的行为准则,“低调务实”成为浙商的性格标签。

“知行合一”与“创新融汇”二者协同,让浙商获得了攻坚克难的行动力和创新力。面对生存性创业的诸多困难,只要行动起来,就能够解决问题。正是行动力让早期浙商获得了成功。时代在变,经济发展新常态下,浙商需要开始有效地转型升级,需要开展切实有效的创新。所以,创新力开始成为浙商实现再次成长的关键要素。因此,新时代浙商精神就开始把浙学传统中“创新融汇”的元素进行强化,提出了“敢为人先的创新精神”“追求卓越的奋斗精神”。

因此,浙学传统所提供的“和义利、知行合一、创新融汇”为浙商精神的凝练提供了丰富的“文化工具箱”,使得浙商能够从中获得丰富的文化给养,使得浙商精神能够获得充分的合法性认定和弹性的调整空间。

第三,浙商精神的形成是结合了改革开放场景和浙学传统的“翻译”过程。对于浙学传统与浙商精神的关系,“文化工具箱”视角强调了浙学传统为浙商精神提供了可供借鉴的文化元素,以及相应的合法性认定,强调浙学传统之于浙商精神的根源性,强调浙商精神与浙学传统的内在一致性;那么“翻译”视角则强调了浙学传统在浙商领域内进行传播时,会被浙商根据自身特点而进行“翻译”,以确保自身的特殊性和场景依赖性,确保“翻译”后的浙商精神能够为浙商群体所广泛接受，即浙商特色化改造。简而言之，“文化工具箱”的隐喻强调浙商精神一脉传承自浙学传统，而“翻译”的隐喻则强调浙商精神对浙学传统的再创造。具体来说，我们认为浙商精神对浙学传统的“翻译”主要体现在以下四个方面。

其一，语言风格的“翻译”。不同的群体有不同的话语体系，这些不同的话语体系也决定了相对应的“阐述”能否在该群体中得到接受和获得合法性认可。学者、浙商、政府等都对浙商精神有自己的表述。在浙商群体中，早期的“四千”精神和“两板”精神具有普遍的影响力。除了内容方面，一个主要的原因在于“四千”精神和“两板”精神本身的语言低调平实，符合浙商的基本话语体系，而不是直接套用浙学传统中“和义利、知行合一、创新融汇”这一更具学术性的话语体系。而很多学者的阐述，虽然在内容上有较多的相似性，但都未能产生普遍的影响。这也意味着我们对浙商进行总结时，除了关注其内容，还必须从浙商群体的语言风格和话语体系中寻找恰当的表述。

其二，结合“商”的“翻译”。浙商精神虽然源于浙学传统，但毕竟是专属于浙商群体的价值观念和行为准则，因此在“翻译”的过程中必然要体现更多的工商业和企业家特色。虽然浙商会扮演不同的角色，承载不同的身份，但毕竟是商人群体，必然需要“在商言商”。例如，浙学传统中的“和义利”强调“公利”与“私利”的和谐与平衡，主张不能一味为了私利而损害公利，所以浙商精神中必然要有强调“公利”的元素。但这并不代表彻底放弃“私利”，因为其与浙商企业本身作为营利性组织的基本原则相违背，所以片面地把慈善责任作为浙商的精神传统也并不合适。浙学传统中的“知行合一”同样对浙商精神的形成起到重要作用。“行”与“知”之间的辩证关系，对于浙商而言，“知”最终还是为了“行”，以实现浙商企业的生存与发展，所以浙商不会把“求知”和“求真”作为其行为准则，社会也不应强求浙商一定要创造出专属于浙商的“真知”。

其三，吸收外来商业理念之后的“翻译”。虽然浙学传统之于浙商精神具有根源性的影响，但是浙商精神在对浙学传统进行“翻译”的过程中，也结合了其他文化成果，形成更具开放性的浙商文化精神。这是因为一方面浙学传统本身就具有包容和创新的元素，另一方面浙商在全国拓展和全球发展的过程中，也必然会吸纳其他优秀的商业文化元素，以构成更具有实践性的浙商精神。特别是来自欧美的管理思想、日本的经营哲学等，作为成功商业范式，为浙商精神的演化提供了有益元素。

其四，嵌入时代精神的再“翻译”。前面我们对改革开放以来的浙商精神进行描述时，发现随着改革开放的推进，出现了浙商精神的不同版本，从改革开放初期的“四千”精神，到之后转型升级阶段的“新四千”精神，以及浙江省委总结的新时代浙商精神。这些不同版本的浙商精神表述，都是以浙学传统为基石、嵌入时代精神进行再“翻译”的成果。

二、作为浙商实践内在动力的浙商精神

浙商精神根源于浙学传统，并随着时代发展而不断演变。浙商精神一旦形成，便会成为浙商群体的价值观念和行为准则，进而成为驱动浙商实践的内在动力。

我们把现代浙商的实践分为半自主创业阶段、自发创业阶段、曲折而快速成长的自觉适应阶段、加速融入全球化的大发展阶段、新常态高质量发展阶段五个主要阶段。其划分的主要依据是制度环境的变化。若我们把浙商实践按照发展阶段进行划分，大致可以分为三个阶段，分别是生存性创业模式、转型成长阶段和高质量发展阶段。事实上，在这三个阶段，分别对应着三种不同的浙商精神表述。在生存性创业阶段，浙商的“四千精神”支撑了创业机会的搜寻、创业资源的整合；在转型成长阶段，以“千方百计拓展品牌，千方百计保持市场，千方百计自主创新，千方百计改善管理”

为内涵的“新四千精神”驱动了浙商的转型升级，使其开始谋求占据更高端的价值链环节；在高质量发展阶段，浙商的“坚忍不拔的创业精神、敢为人先的创新精神、兴业报国的担当精神、开放大气的合作精神、诚信守法的法治精神、追求卓越的奋斗精神”，激发浙商顺应技术发展和全球化发展大势，走上高质量的发展道路。

那么，进一步的问题是，浙商精神作为一种价值观念和行为准则，是如何影响浙商群体的实践行为的？具体的作用机理又有哪些？对此，我们主要采用新组织制度理论的基本框架来分析浙商精神作为一种制度逻辑，是如何驱动浙商实践的开展的。

新组织制度理论认为，场域层面的制度逻辑通过三种力量影响场域内个体的实践，分别是规制性、规范性和文化—认知性力量。这三大基础要素构成了一个连续体，“其一端是有意识的要素，另一端是无意识的要素；其一端是合法实施的要素，另一方则被视为理所当然的要素”①。三者交织共同构成一个具有弹性的框架：“通过社会奖惩来施加压力、施加内在的本质的精神奖励与价值观，以促进人们遵守。而所有这些社会奖惩都可能一起发挥作用，使制度成为具有特殊意义的指示力量。”②但是，三者也有差异。规制性要素促进制度扩散的基础是强制，以规制性规则为秩序基础；规范性要素促进制度扩散的基础是规范，以约束性期待为秩序基础；文化—认知性要素促进制度扩散的基础是模仿，其秩序基础是被认为理所当然的思维模式。

按照这一理论，结合浙商群体作为民间团体的特点，可认为浙商精神

---

① Andrew J. Hoffman, *From Heresy to Dogma: An Institutional History of Corporate Environmentalism*, San Francisco: New Lexington Press, 1997: 36.

② Roy G. D'Andrade, "Cultural meaning systems", in Richard A. Shweder, Robert A. Levine, *Culture Theory: Essays on Mind, Self, and Emotion*, Cambridge: Cambridge University Press, 1984.

主要通过规范性和文化—认知性力量来影响浙商实践。由于浙商群体是民间组织，虽然其会与政府通过各种渠道建立关联，但是浙商精神并不能通过规制性的强制力量来影响浙商实践，而主要是通过规范性和文化—认知性力量来发挥作用。

规范性力量主要通过群体规范的方式来影响浙商实践。这种规范主要依托浙商群体所建立的正式组织及各种非正式互动。浙商群体的互动主要包括专业市场、产业集群，以及全国星罗棋布的各级浙商商会组织。专业市场和产业集群通常是并列存在的，例如绍兴轻纺城与轻纺产业集群、海宁皮革城与皮革产业集群、永康五金城和五金产业集群等。专业市场和产业集群都源自浙商最初的“前店后厂”模式：“前店”逐步发展为专业市场，“后厂”逐步发展为产业集群。商会也是浙商组织的重要形式，省外浙商商会更是发展迅速，世界浙商大会也已经成为浙商共同的组织和平台。

以专业市场、产业集群及各级商会为载体，浙商精神成为浙商从事工商业实践的价值导向和行为规范，从而驱动了浙商的蓬勃发展。产业集群之中弥漫的“产业空气”驱动了企业的集群化发展。事实上，在专业市场、产业集群及各级商会中，不仅弥漫着各种与创业、创新直接相关的知识，同时也弥漫着与驱动创业、创新的“浙商精神”相关的知识。组织中弥漫的“浙商精神”成为浙商群体的价值观念和行为准则，从而约束广大浙商的实践模式。例如，很多二代浙商企业家都提到，在跟一代浙商的交流中，学到的不仅是做生意的技巧，更重要的是做生意的精神。

文化—认知性力量主要通过认知来影响浙商实践，即把浙商精神作为理所当然的思维模式，从而驱动浙商实践自然而然地符合浙商精神的标准。从认知的角度看，文化是一种思维模式，宏观的文化之所以能够影响个体，主要是因为作为思维模式的文化烙印在个体认知体系中，通过影响个体的思维模式进而影响个体的实践。例如，浙商的“四千”精神之所以能够驱动浙商早期的生存型创业，主要是因为“四千”精神已经烙印在浙商的认知体系之中，成为浙商的思维模式，进而影响了浙商的生存型创业实践。文化—认知性力量也会强化基于浙商精神的身份归属。浙商群体具有较强的群体归属性，一方面是由于在经商的过程中需要彼此抱团取暖、共度危机、共创事业；另一方面则在于浙商会基于浙商精神而形成强烈的浙商身份归属，进而形成强烈的群体归属感。

后　记

江南的山水承载千年浙学，滋养了代代浙商。浙商所蕴含的务实、内敛、果敢、尚诚、包容、创新的品质，如同江南的诗性审美，与浙地的人文气质完美契合。浙商与浙商文化的互动历程，不仅是中国商业史上的传奇，更彰显了中国思想史的深刻哲思。如今，浙学传统与浙商精神，已然成为浙江文化研究中的一个重要议题。

浙江省新型重点专业智库浙商研究院（中国华商研究院）高度关注对文化浙商的研究。为此，本书研究团队围绕“浙学传统与浙商精神”这一主题开展深入调研，配合在此期间承担的系列相关课题，探寻浙江商脉在各地的文化源起、兴替和转型。团队成员广泛收集、提炼经济文化发展方面的相关材料和典型案例，围绕相关议题，实地探访余姚、永嘉、永康、龙游等多个浙学重镇，并从现实的经济发展中体悟浙商文化的古韵与魅力。书中基于浙商千年发展的历史事实，对文化与经济、浙商文化历史、浙江区域经济发展等议题进行了理论解读与实践阐释，意在揭示浙江经济发展与工商制度变迁的文化动因。这一商业文化研究，对于丰富、完善学界关于文化与经济发展的理论成果，以及提高公众对于浙江商业历史、商业伦理发展的普遍认知，具有重要的借鉴意义。

最后，需要说明的是，这项成果是集体努力的结晶。本书各章执笔情况如下：第一章，陈寿灿、涂言豪；第二章，陈寿灿、涂言豪；第三章，柴可辅；第四章，柴可辅；第五章，杨轶清；第六章，吴波。

浙学传统犹如源头活水，润泽着浙商文化和浙商精神。在全球化浪潮不断涌动和国内发展日新月异的时代背景下，浙学、浙韵和浙商在交融共生中熠熠生辉，为世人所瞩目。其文化之深奥、内容之深刻、精神之深远，绝非本书所能穷尽，在此期待更多学界同人的持续关注和深入研究，为构建浙商文化知识话语体系贡献智慧！同时，本书难免存在疏漏，诚请学界同人批评斧正！

陈寿灿

2025 年 6 月 10 日